생생경제학

생생경제학

● 강준규 지음

율곡출판사

들어가는 글

이 책은 저자가 부산시청의 소식지인 "다이내믹 부산"에 기고한 칼럼들을 묶은 것이다. 2001년 봄에 지인의 권유로 "풀어쓰는 생활경제"라는 제목으로 시사적인 경제 이슈 뒤에 있는 경제이론을 소개하는 칼럼을 시작한 것이 벌써 17년째이다. 2주에 한 번씩 돌아오는 칼럼 차례는 무척이나 빨리 돌아오기도 했고, 어떤 때는 아이디어가 떠오르지 않아 마감시간까지 고민한 적도 한두 번이 아니었다. 그렇게 시작된 칼럼이 거의 400회에 육박하게 되었다.

칼럼의 주된 목적은 어렵게만 느껴지는 경제이론을 실생활의 예를 통해서 독자들에게 쉽게 소개하는 것이었다. 칼럼을 처음 시작할 때 원칙은 두 가지였다. 첫째, 칼럼의 난이도는 고등학교 졸업자 정도면 이해할 수 있도록 쉽게 쓰자는 것이었다. 기존의 경제학 교과서에 자주 나오는 어려운 용어, 수학적인 기호 등을 배제하고 가능하면 중고등학생들도 이해할 수 있도록 어렵지 않게 쓰자는 것이었다. 둘째, 시사적인 것을 다루어 보자는 것이었다. 칼럼 쓰는 당시에 언론에서 취급되는 경제적인 이슈 중에서 하나를 골라 그 뒤에 있는 경제적인 의미 또는 배경에 있는 경제적인 이론들을 다루어 보고 싶었다. 또한 기존 교과서에서는 다루지 않는 재미있는 주제들을 경제학자의 시선으로 분석해 보고 싶었다.

이 책의 필요성

지난 학기 저자가 1학년 학생들을 대상으로 교양과목인 경제학 입문을 가르칠 때 기존의 경제학 교과서 말고 쉬운 교과서가 없을까 고민하다가 저자가 17년 동안 써왔던 칼럼이 생각났다.

지난 17년간 썼던 칼럼이 400편인데 교재용 책으로 만들려고 보니 150편 정도를 추리는 일이 힘들었다. 매번 힘들여 쓴 칼럼 중에 어떤 것을 뽑고 어떤 것을 버리는 작업은 쉽지 않은 일이었다. 우선 모든 칼럼을 크게 미시경제 살펴보기와 거시경제 살펴보기로 분류하였다. 미시경제 살펴보기를 정부정책, 수요 · 공급의 이론, 시장의 실패, 공공선택의 이론, 시장조직이론 등으로 나누었다. 거시경제 살펴보기는 거시경제지표, 재정정책, 환율, 실업과 인플레이션, 금융정책, 통화정책, 경제발전 등으로 구분하였다. 다음으로 분류된 칼럼 중에서 어떤 것을 선택하는가가 문제였는데, 원칙은 시사적인 내용은 최근 것으로 한다는 것이다. 칼럼의 특성상 시간에 구애받지 않는 내용은 좀 오래된 것도 실지만 시사적인 내용은 가장 최근의 것으로 한다는 원칙으로 칼럼을 골랐다.

이 책의 용도

1. 경제학을 처음 접하는 신입생에게 경제이론을 설명하기에 적합하다. 처음으로 경제이론 교과목을 듣는 학생들이 어렵게 느끼고 있는 경제이론을 다양한 현실의 예로 설명함으로써 경제학과 친숙해질 수 있는 가교 역할을 할 것이다.
2. 이미 경제이론을 배운 고학년 학생들에게 배운 이론들이 실생활에서는 어떻게 사용될 수 있는지에 대한 예제를 제시할 것이다.
3. 이 책을 교과서로 사용 가능한 교과목은 경제학의 입문, 경제의 이해, 생활경제학, 시사경제학, 경제특강 등이 될 것이다.

이 책의 장점

처음 경제학을 접하는 이들에게 딱딱하게만 느껴질 수 있는 경제이론들을 생활 속의 사례와 함께 쉽게 설명하고자 했다.

1. 이 책은 혼자 읽어도 이해가 될 정도로 쉽다. 기존 교과서에 나오는 복잡한 수식이나 도표를 사용하지 않고 쉬운 글로서 경제현상을 설명한다.
2. 경제학 이론이 먼저 나오는 형식이 아니라 경제현상을 먼저 이해하고 그 뒤에 있는 이론을 설명하는 구조의 책이라서 경제이론에

대한 사전지식이 없는 학생들이 쉽게 이해할 수 있다.

3. 로또 경제학이나 장마경제학처럼 기존 교과서에서는 다루지 않지만 실제 생활에서 언급되는 생생한 경제현상을 분석하였다.

이 책의 한계

실제 언론에서 취급하는 경제현상을 위주로 칼럼을 썼기 때문에 기존 경제학 교과서에 있는 모든 이론들을 언급하지 못했다. 그리고 저자의 능력 부족으로 더 많은 주제들을 다루지 못했다. 또한 칼럼 발표일이 10년 이상 지나 자료들이 오래되어 업데이트 필요가 있는 부분도 있다. 이 책의 모든 잘못은 저자의 책임이고, 향후 개정판에서의 수정 · 보완을 과제로 미루어 둔다.

감사의 글

우선 율곡출판사의 박기남 사장, 방조일 편집장을 비롯한 관계자분들께 감사의 말씀을 드린다. 그리고 이 책의 바탕인 칼럼을 쓰도록 소개해 준 부산국제광고제 부집행위원장 차용범 님께 고마움을 전한다. 또한 이 책이 출판되기까지 많은 도움을 주신 부산시청 미디어센터의 조민제 님과 삽화를 그려주신 이윤길 화백, 박재만 화백께 감사드린다. 아울러 이 책이 나오기까지 많은 아이디어를 제공해 준 동의대학교 경제학과 임동순 교수께도 감사드린다. 끝으로 이 책이 완성되기까지 늘 격려해 주신 부모님과 장모님께 감사의 말씀을 드린다. 아들 문수와 특히 사랑하는 내 삶의 동반자인 아내 김미영에게 고마움을 전한다.

2017. 8.

엄광산 연구실에서

강준규

차 례

제4장 시장의 실패(정부규제)

제5장 정부 정책(가격규제 및 환경정책)

제6장 공공선택의 이론

제7장 보험시장

제8장 시장조직이론

제9장 기타

2부 거시경제 살펴보기

제1장 거시경제지표

제2장 재정정책(조세체계)

제3장 재정정책(조세정책)

제4장 환율

제5장 실업과 인플레이션

제6장 금융정책(금융시장)

제7장 통화정책 및 화폐

제8장 경제발전(경제성장)

제9장 부동산

제10장 기타

제1부

미시경제 살펴보기

제 1 장

정부정책 (소득분배)

1.1 2018 최저임금

내년 시간당 최저임금이 올해보다 16.4% 인상된 7천 530원으로 결정됐다. 이번 최저임금 인상률은 11년 만에 처음으로 두 자릿수를 기록한 것이다. 월급으로 환산하면 157만 3천 770원(매일 8시간, 매주 5일 근무 기준)으로, 지금보다 월 22만 1천 540원 오르는 셈이다.

이번 인상률은 2007년 12.3%을 기록한 이후 최대치이다. 정부는 최저임금 인상으로 인해 부담이 늘어날 소상공인과 영세 중소기업을 위해 최근 5년 동안 최저임금 인상률인 7.4%를 넘는 초과인상분에 대해 직접 지원한다. 정부는 소상공인 · 영세중소기업 중 사업체 규모가 30인 미만인 곳을 대상으로 부담능력 등을 감안해 일부 사업자에 대해 총 3조원 규모를 직접 지원한다는 계획이다. 2018년에는 영세사업장 근로자들이 1인당 월 12만 2천원 가량을 정부로부터 받는다고 볼 수 있다. 또한 연 매출 3억원 이하 영세가맹점의 카드 수수료를 0.8%로 낮추고, 3∼5억원인 가맹점도 1.3%로 수수료율을 인하한다.

우리나라는 1986년 최저임금법을 제정하고 1988년부터 최저임금을 고시해 왔다. 최저임금제는 국가가 임금액의 최저한도를 결정하고 사용자에게 그 지급을 법적으로 강제하는 제도다. 1명 이상 근로자를 고용한 모든 사업장에 적용된다.

가격규제는 어떤 특수한 목적을 달성하기 위해 정부가 직접적으로 가격에 간섭하는 것으로 가격상한제와 가격하한제가 있다.

생활필수품이 부족하여 물가가 치솟을 때, 정부가 물가를 안정시키고 소비자를 보호할 목적으로 가격의 상한선을 정하고 이를 넘어선 가격으로 매매하는 것을 법으로 금지하는 것을 가격상한제라 한다. 가격상한제의 단점은 암시장이 생겨날 수 있다는 것이다. 가격하한제는 정부가 최저가격을 설정하고 그 이하로 가격이 내려가지 못하게 통제하는 제도로 최저임금제도 등이 그 예이다. 최저임금제도의 단점은 실업이 발생할 수도 있다는 것이다.

(2017년 7월)

1.2 2017 보통사람

2017년 우리나라 '보통사람'의 월평균 소득은 283만원, 보유자산은 3억 3천 61만원이라는 조사결과가 나왔다. 신한은행은 지난 8일, 전국의 취업자 1만 명(만 20~64세)을 대상으로 진행한 설문조사를 분석한 '2017 보통사람 금융생활 보고서'를 발간했다. 보고서에 따르면 이들의 월평균 개인 근로 · 사업 소득은 283만원으로 나타났다.

소득이 가장 많은 상위 20%(1구간) 그룹의 월 평균소득은 445만원이다. 가장 적은 하위 20%(5구간) 그룹의 월 평균소득은 160만원으로 차이는 2.8배로 조사됐다. 부부 소득을 합하면 월평균 468만원이었다. 맞벌이가 586만원을 벌어 외벌이 465만원의 1.3배 더 버는 것으로 나타났다. 성별로는 남성이 월평균 337만원으로 여성(208만원)보다 1.6배 높았다.

연령대별로 20대가 230만원, 30대 278만원, 40대 296만원, 50대 이상은 301만원이었다. 월평균 소비금액은 245만원(52.3%)으로 이 가운데 생활비(식비 · 교통비 · 공과금 · 통신비 · 주거비 등)가 약 50%인 121만원, 교육비 12.7%, 여가 · 취미 7.3%, 부모(자녀) 용돈 6.5% 순이었다.

이들이 보유한 총자산 규모는 평균 3억 3천 61만원으로 집계됐다.

소득이 가장 많은 1구간의 자산은 평균 6억 5천 216만원으로 5구간 평균 8천 411만원보다 7.8배 높았다. 연령대별로 20대가 9천 166만원, 30대는 2억 5천 951만원, 40대는 3억 5천 908만원, 50대 이상은 4억 7천 169만원으로 드러났다. 10가구 가운데 7가구가 빚이 있고, 한 가구당 평균 부채금액은 3천 682만원이었다.

한편 통계청에서 매년 발표하는 가구원 수별 가구당 월평균 가계수지 자료는 보건복지부에서 기초생활수급자와 차상위계층 선정이나 맞춤형 복지서비스 제공 및 한국토지주택공사에서 공급하는 임대주택의 입주 시 소득기준에 적용된다. 2017년 전년도 도시근로자 가구당 월 평균 소득은 2016년도 한 해 동안 발생한 세대구성원 전원의 수익을 합산한 금액으로, 1인 가구는 242만 4천 462원, 2인 가구는 373만 2천 354원, 3인 가구는 492만 9천 384원, 4인 가구는 563만 275원으로 집계됐다.

(2017년 3월)

1.3 억대 연봉

국민건강보험공단 등이 발표한 자료에 의하면 우리나라에서 연봉 1억원을 넘게 받는 직장인은 지난해 12월 기준 77만 340명으로 집계됐다. 소득 상위 5%에 해당하는 연봉이다. 10년 전인 2006년만 해도 연봉 1억원 이상을 받는 직장인은 전체 직장인의 소득 상위 1%에 해당됐다. 이제는 직장인 전체 소득 상위 1%에 속하려면 연봉 1억 5천만원(월 1천 250만원 · 1만 6,146명) 이상 받아야 하는 것으로 조사됐다.

연령대별 억대 연봉자는 40대(31만 666명), 50대(30만 6,274명), 30대(8만 2,043명), 60대 이상(6만 9,006명), 20대(2,325명), 10대(26명) 순이었다. 여성 억대 연봉자는 9만 1천 71명으로 2011년(2만 8천 600명)보다 3.2배 늘었고, 40대(4만 1천 149명)가 가장 많았다.

금융권에서는 직원 4명 중 1명꼴로 억대 연봉을 누리고 있는 것으로 나타났다. 지난해 금융회사 임직원 중 연봉 1억원 이상인 비율은 24.8%로 조사됐다. 이 비율은 2015년(16.6%)보다 8.2%포인트 상승한 것이다.

한편 작년 말 기준 최고액 건강보험료를 내는 직장인은 3천 403명에 달했다. 작년 12월 기준 월급이 7천 810만원 이상으로 건강보험 직장가입자 최고액(월 239만원)을 내는 임 · 직원을 둔 사업장이 전국적으

로 2천 621곳으로 집계됐다. 월급이 7천 810만원인 경우 연봉은 9억 3천 720만원이 된다. 이중 삼성전자 소속 직장인이 151명으로 가장 많았고, 이어 김앤장 법률사무소 소속이 119명으로 2위를 기록했다.

소득 상위 0.01%인 연봉 18억원(월 1억 5천만원) 이상 버는 직장인은 모두 1천 888명(남성 1천 736명, 여성 152명)이었다. 건보료 최고액을 내는 직장인은 2012년 2천 508명에서 2013년 2천 522명, 2014년 2천 893명, 2015년 3천 17명 등으로 해마다 늘고 있다.

복지부는 2011년에 직장가입자 평균 월급(약 260만원)의 30배인 7천 810만원을 보수 상한선으로 정하고, 이 기준을 넘더라도 월 건보료를 239만원만 받고 있다. 사업소득이나 금융소득 등으로 초고소득을 내는 사업가나 유명 연예인, 스포츠 선수들은 지역가입자로 분류돼 최고 등급을 받으면 월 228만원을 낸다.

(2017년 3월)

1.4 결혼은 임금 순?

행복은 성적순이 아니라는 말과는 달리 임금이 높을수록 결혼 비율이 높다는 연구결과가 발표됐다. 임금과 학력이 낮거나 비정규직인 20~30대 남성은 결혼하기도 어렵다는 것이다. 즉, 20~30대 남성의 경우 임금수준이 높고 정규직일수록 결혼 비율이 훨씬 높은 것으로 나타났다. 여성의 경우는 남성에 비해 임금수준이나 고용 형태에 따라 결혼의 상관관계가 높지 않았다.

지난 13일 발표된 '저출산과 청년 일자리' 보고서에 따르면 올해 3월 기준 20~30대 남성 노동자 중 임금 1분위(하위 10%)의 기혼자 비율은 6.9%에 불과했다. 기혼자 비율은 임금이 많을수록 상승해 임금 10분위(상위 10%)의 결혼 비율은 82.5%로 1분위보다 12배 높았다.

반면 여성은 4분위를 기점으로 임금수준과 기혼자 비율이 비례했지만, 소득이 가장 낮은 1분위와 2분위 여성들은 소득 3~7분위의 여성들보다 기혼자 비율이 높아 남성과 다른 양상을 띠는 것으로 나타났다.

남성과 여성은 학력별 기혼자 비율에서도 차이를 보였다. 20~30대 남성 노동자 중 박사학위 소지자는 기혼자 비율이 100%로 가장 높았다. 이어 석사 66.6%, 대졸 47.9%, 고졸 39.7%, 중졸 이하 35.4%로 학력이 낮을수록 결혼 비율도 함께 낮아졌다. 반면 여성 노동자는 중졸

이하 학력의 기혼자 비율이 77.6%로 가장 높고, 박사가 76.1%로 그 뒤를 이었다. 석사 졸업자의 기혼자 비율은 고졸 기혼자 비율보다 낮았다.

고용 형태별 기혼자 비율은 정규직 남성의 경우 53.1%에 달했지만 비정규직은 28.9%로 절반 가까이 떨어졌다. 그러나 비정규직 여성은 기혼자 비율이 39.8%로 정규직 37.3%과 거의 비슷했다. 이 결과는 한국의 결혼시장에서 남성은 생계를 책임지고, 여성은 가계를 보조한다는 통념이 강하게 작용한 것이라고 보고서는 분석했다.

결론적으로 남성은 학력 · 취업 · 안정된 일자리 · 적정 임금 등 가족의 생계를 책임질 만한 사회 · 경제적 지위를 확보해야 혼인 확률이 높았고, 여성은 남성과 달리 대졸 이상 고학력자의 혼인 확률이 낮았다.

(2016년 11월)

1.5 2015 최저임금

미국 뉴욕 주가 최저 시급을 15달러(17,300원)로 올린다. 이는 연방 최저 시급의 2배 수준이다. 뉴욕 주지사는 지난 11월 10일, 전 분야의 근로자를 대상으로 최저 시급 15달러를 규정한 행정명령을 발표했다.

뉴욕타임스에 따르면 물가가 상대적으로 더 비싼 뉴욕 시 근로자는 2018년까지 최저 시급 15달러를 적용받고, 뉴욕 시를 제외한 지역의 근로자는 2021년 말 기준으로 최저 시급 15달러를 적용받을 것이라고 한다. 뉴욕 주는 지난 7월 패스트푸드점 종업원에 한해 2018년까지 최저 시급을 15달러 인상하는 안을 통과시킨 바 있다. 뉴욕 주의 올해 기준 최저 시급은 9달러이고, 미국 연방 최저 시급은 7.25달러(8,300원)이다. 이번에 뉴욕 주가 최저 시급을 15달러로 인상한 것과 내년 기준 국내 최저 시급을 비교하면 뉴욕 주가 약 3배 높다.

우리나라의 최저임금제도는 국가가 근로자들의 생활안정을 위해 임금의 최저 수준을 정하고 사용자에게 그 수준 이상의 임금을 지급하도록 법으로 강제하는 제도이다. 적용대상은 1인 이상 근로자를 사용하는 모든 사업 또는 사업장이다.

최저임금은 노사공익대표 각 9명으로 구성된 최저임금위원회가 매년 인상안을 의결해 정부에 제출하면, 고용노동부 장관이 8월 5일까지

결정해 고시해서 다음연도 1월 1일부터 12월 31일까지 적용한다. 우리나라의 2015년 국내 최저 시급은 5,580원, 내년은 6,030원이다.

OECD 회원국의 최저 임금(2015년 기준)을 살펴보면 다음과 같다. 룩셈부르크 : 15.21달러(17,000원), 스위스 : 12.55달러(14,000원), 호주 : 15.96호주달러(13,694원), 아일랜드 : 11.53달러(13,000원), 프랑스 : 9.61유로(12,098원), 벨기에 : 9.38유로(11,781원), 영국 : 10.16달러(11,500원), 뉴질랜드 : 14.75뉴질랜드달러(11,270원), 네덜란드 : 8.7유로(10,953원), 독일 : 8.5유로(10,701원), 캐나다 : 10.25달러(9,296원), 미국(주마다 차이) : 7.25달러(8,025원), 일본(지역 산업별 차이) : 6.94달러(7,500원), 이스라엘 : 6.4달러(7,000원), 스페인 : 5.82달러(6,500원), 그리스 : 5.26달러(6,000원).

(2015년 11월)

1.6 로또 1등의 역설

지난 2003년 로또 1등에 당첨돼 189억원을 수령했던 A씨가 11년이 지난 후 사기혐의로 경찰에 체포됐다는 소식이 전해졌다. A씨는 부동산 투자, 병원 설립 투자, 주식 투자 등으로 불과 5년 만인 2008년 말 당첨금을 모두 탕진하고 말았다. 빈털터리가 된 A씨는 투자자에게 선물옵션에 투자해 수익을 내주겠다고 1억 4천여 만원을 가로챈 사기혐의로 지난 15일 체포됐다.

이 밖에도 올 3월 13억원을 수령했던 B씨가 도박으로 재산을 탕진한 뒤 절도행각을 벌이다 붙잡혔다. 지난해 7월에는 18억원을 받은 C씨가 사업실패로 재산을 날린 뒤 자살하는 일도 있었다. 로또 당첨자가 모두 행복하지 않다는 사실을 보여주고 있다.

소득불평등의 원인, 즉 경제적 지위상의 불평등을 발생시키는 원인 중 개인적인 요인은 원초적 단계, 중간적 단계, 경제적 지위의 격차로 구분한다. 원초적 단계는 태어날 때부터의 유전자가 경제적 지위에 영향을 준다는 유전적 요인과 후천적 성장과정이 경제적 지위에 영향을 준다는 교육적 환경, 그리고 경제적으로 유복한 집안에서 태어난 사람은 다른 사람보다 유리하다는 경제적 환경으로 정리한다.

중간적 단계로는 IQ 같은 인지적 능력과 정서적인 면, 육체적인 면

등의 비인지적 능력으로 구분한다. 또 말하는 방식, 옷 입는 방식 등의 개인적 특성도 중간적 단계에 포함한다. 이런 능력들이 교육수준의 차이로 이어지고 이것이 결국 근로소득, 비근로소득, 직업적 지위 등에 영향을 미쳐서 경제적 지위의 차이로 이어지게 된다는 것이다.

이 밖에도 우연성이 경제적 지위에 영향을 미치기도 하는데, 경제적으로 부유한 사람이 사고나 불운으로 몰락의 길을 걷는다든지, 로또와 같은 요행으로 가난한 사람이 부자가 되는 경우도 있다.

앞의 로또 1등 당첨자의 몰락은 경제적 지위의 불평등을 해소하기 위해서는 우연성보다는 교육수준을 올려서 높은 근로소득을 받는 것이 낫다는 것을 보여준다.

(2014년 10월)

1.7 대학 전공별 소득

지난달 29일 발표된 브루킹스연구소의 보고서에는 미국 대졸 구직 시장에서 공대생의 인기를 보여주는 결과가 나왔다. 2009~2012년 미국 통계국 조사 자료를 분석해 대졸자들을 80개 전공별로 분류한 다음, 고소득·저소득자를 뺀 중간 계층을 대상으로 평생 소득을 예측해 보니 공대 출신이 최상위권을 휩쓴 것이다.

평생 가장 많은 돈을 벌어다 줄 것으로 조사된 전공은 화학공학으로, 취직 후 은퇴까지 40여 년간 211만 달러(약 22억원)를 버는 것으로 나타났다. 이어 항공우주공학(206만 달러), 에너지공학(203만 달러) 순으로 상위 1~10위가 모두 공대 계열이었으며, 80개 전공 평균치(119만 달러)를 훨씬 웃돌았다. 상위 20개 중 이공계가 아닌 전공은 물류학(164만 달러), 경제학(157만 달러), 회계학(156만 달러) 등 3개뿐이었다.

또 같은 전공 졸업자라 할지라도 평생 수입 편차가 큰 것으로 나타났다. 경제 분야의 경우 전공자 평생 수입 중간 값은 157만 달러였으나 상위 10%의 평생 수입은 452만 달러로 조사돼 큰 차이를 보였다. 반면 평생 소득이 가장 낮은 것으로 조사된 전공은 유아교육(77만 달러)이었다. 올 1월 발표된 우리나라의 계열별 주요 전공의 취업률, 월평균 수입에 관한 교육부 조사에 의하면 4년제 대학 학과 평균 취업률은 55.6%로

나타났다. 공학계열의 메카트로닉스공학과(72.7%), 기계공학과(75.5%), 전자공학과(71.7%)의 취업률이 높은 편이었다. 의약계열 중에는 의예과(86.1%)와 치의예과(84.3%)의 취업률이 높고, 재활학과(75.4%), 약학과(65.3%)도 높았다.

인문 · 사회계열에서는 아동학과(72.2%)와 운송물류학과(61.1%)의 취업률이 좋았다. 수입은 공학계열과 의약계열이 대체로 높았지만, 문화콘텐츠학과의 경우 월평균 수입이 286만원(졸업 1~2년 후 기준)으로 의예과(297만원)에 버금갔다. 항공우주공학과(275만원)와 경제학과(246만원), 해양플랜트운영학과(231만원) 등도 평균(201만원)을 웃돌았다.

(2014년 10월)

1.8 부모 재산과 봉양

부모의 재산 정도가 자식 및 손주와의 만남 횟수에 영향을 미친다는 조사결과가 나와 주목을 끈다. 노부모의 소득이 1% 높아질수록 자식을 주 1회 만날 가능성이 2배 높아진다는 것이다. 재산이 적은 부모일수록 자녀와 만나는 횟수도 적었다.

2011년 보건복지부가 실시한 노인실태조사에 의하면, 부유한 계층인 소득 상위 20%의 노인들은 10명 중 4명(38.0%)이 따로 사는 자녀 중 가장 친한 자식과 일주일에 한 번 이상 얼굴을 봤다. 반면, 가난한 하위 20%의 노인들은 그만큼 자식을 자주 본다는 응답이 훨씬 적었다 (28.0%).

또 상위 20%의 노인들은 5명 중 1명(19.5%)이 따로 사는 손주들과 일주일에 한 번 이상 만났다. 반면 하위 20%의 노인 중에는 손주를 일주일에 한 번 만난다는 응답이 그 절반도 안 됐다(8.5%).

즉, 가진 게 적은 노인들은 자식 얼굴 보는 횟수도 적어진다는 것이다. 한국 · 미국 · 영국 · 일본 등 OECD 15개국 3만 4천 544명에 대한 설문조사 결과를 비교해 보면, 부모 재산에 따라 자식과 만나는 횟수가 늘어나고 줄어드는 나라는 한국밖에 없었다. 나머지 14개국은 부모의 소득과 만나는 횟수가 상관없었다.

또 노인들이 아플 때 누가 병간호를 하는가도 재산의 많고 적음이 영향을 끼치는 것으로 조사됐다. 2011년 노인실태조사에 따르면, 가진 게 많을수록 아플 때 며느리가 병시중을 드는 비율이 높았다.

소득 상위 20%에 드는 노인은 "어르신의 시중을 주로 누가 드느냐"는 질문에 배우자(32.3%), 맏며느리(25.2%), 딸(10.8%) 순으로 답했다. 반면 하위 20% 노인은 같은 질문에 배우자(49.7%)라는 응답이 압도적으로 많았다. 다음이 딸(13.2%), 차남 이하 아들(11.7%), 장남(8.6%) 등의 순이었다. 맏며느리건, 둘째 며느리건 며느리는 자식들보다 순위가 한참 뒤였다. 나이가 들어서 자식들과 자주 만나고, 아플 때 며느리 시중을 받기 위해서는 재산이 많아야 가능할 모양이다.

(2013년 11월)

1.9 통상임금

통상임금ordinary wage 문제가 경제계의 최대 현안 중 하나로 떠오르고 있다. 통상임금은 근로자에게 정기적으로 지급되는 월급 · 주급 · 일급 · 시간급 등을 총칭한다. 여기에는 기본급 외에 직무수당과 직책 · 기술 · 면허 · 위험 · 벽지 · 물가수당 등 사업주가 일률적으로 지급하는 임금이 모두 포함되지만 상여금, 연월차수당, 연장근로수당 등과 같이 근로실적에 따라 변동 지급하는 임금은 포함되지 않았다.

통상임금은 시간외 · 야간 · 휴일근로 대가로 법정수당을 계산할 때 사용하는 기준이기 때문에 연간 총급여의 15%를 차지하는 정기상여금을 통상임금에 포함시킬지 여부가 논란의 핵심이다. 기업은 정규 근로시간 이외의 근로에 대해 새롭게 산정한 통상임금 기준의 150%를, 그에 따른 미지급금은 3년까지 소급해 지불해야 한다. 통상임금 범위가 확대되면 개인 근로자 입장에선 근로소득이 증가할 수 있지만, 기업 입장에선 심각한 경영난에 직면할 수 있다.

특히 성과급을 비롯해 개인연금보조금 · 명절교통비 · 김장보너스 · 여름휴가비 등 다양한 급여와 수당 가운데 어느 항목이 통상임금 범위에 해당하는지가 근로기준법에 명시되어 있지 않아 범위를 둘러싸고 혼란이 계속되고 있다.

그동안은 노동부 지침에 따라 정기상여금을 비롯해 임금 산정 기간(시급 · 일급 · 주급 · 월급) 이외에 지급하는 금품을 통상임금에서 제외해 왔다. 그러나 지난해 3월 정기상여금이 통상임금에 포함된다는 대법원 판결이 나오면서 혼란이 가중됐다. 만일 상여금 등이 통상임금에 포함되면 기업들이 한꺼번에 부담하는 채무액이 38조원을 초과하고 향후 매년 9조원 가까이 추가 부담이 발생한다고 한국경영자총연합회는 추정하고 있다.

통상임금의 범위를 명확히 한 후에 노사 간의 갈등을 조정하는 사회적 대타협을 통해 노동계와 재계가 '윈윈' 하는 해결책을 찾아야 할 시점이다.

(2013년 9월)

1.10 부모 소득과 자녀 성적

우리나라 국민들은 사교육비(초 · 중 · 고생)의 1/3을 영어에 투자하고 있으며 소득계층별로 영어 사교육비에 큰 차이를 보이고 있는 것으로 조사됐다.

한국개발연구원KDI은 최근 '영어교육 투자 형평성과 효율성'을 주제로 고등학교 3학년의 수능 성적과 가구 소득의 관계를 조사 · 분석했다. 분석 결과, 부모의 소득이 100만원 늘어나면 자녀의 수능 영어 점수는 2.9점 오르는 것으로 나타났다. 이 보고서에 따르면 월 소득이 100만원 이하인 가구의 학생은 영어 사교육을 받는 비율이 20% 수준이지만, 가구 소득이 월 500만원 이상인 가구의 학생은 70% 수준으로 3.5배에 달했다.

사교육비 자체도 가구 소득에 따라 큰 차이를 보였다. 월 소득 100만원 이하인 가구는 월평균 1만 6천원을 영어 사교육비로 지불했지만, 월 소득이 700만원 이상인 가구는 평균 16만 3천원을 영어 사교육비로 지출해 10배 가량 높은 것으로 밝혀졌다. 같은 서울 내에서도 강남권(강남 · 서초 · 송파구)과 비강남권의 영어 사교육이 초등학교 저학년 때부터 확연히 차이가 난다는 점도 이번 조사를 통해 확인됐다. 강남권에 사는 50% 이상의 학생은 초등학교 입학 전부터 영어 사교육을 받지만,

비강남권은 13.6%만이 영어 사교육을 받았다.

불공평한 소득분배를 일으키는 원인은 유전적 요인 · 교육적 환경 · 경제적 환경 등이 있다. 이번 연구결과는 경제적 환경이 교육수준에도 영향을 미친다는 것을 보여준다.

경제적 환경에서의 차이가 증여 혹은 상속을 통해 재산상의 차이로 나타나기도 한다. 부모가 자신의 경제적 지위를 곧바로 자식에게 물려주는 경우를 우리는 흔히 볼 수 있는데, 자녀의 교육비를 부담하는 것을 일종의 증여로 생각하면 경제적 환경이 교육수준에도 큰 영향을 미친다고 볼 수 있다.

(2012년 6월)

1.11 학력 간 임금 격차

대학 졸업 가구주의 월평균 근로소득이 고등학교·초등학교 졸업 가구주의 근로소득과 차이가 더욱 벌어지는 등 학력 간 임금 격차가 심해지고 있다.

지난달 28일 통계청 발표에 따르면 2분기 2인 이상 도시 근로자 가구 중 대졸 학력을 갖고 있는 가구주의 월평균 근로소득은 346만 1천원으로 지난해 같은 분기의 323만 9천원에 비해 6.9% 늘어났다. 반면 고졸 가구주의 월평균 근로소득은 같은 기간 216만 6천원에서 223만 5천원으로 3.2% 늘어나 대졸자에 비해 상승폭이 절반에도 못 미쳤다. 초등학교 졸업 가구주는 올해 2분기 월평균 118만 8천원으로 지난해 2분기 120만 1천원에 비해 오히려 1.1% 감소했다. 이에 따라 올해 2분기 기준으로 대졸자 근로소득은 고졸의 1.54배, 중졸의 2.25배, 초졸의 2.91배에 이르는 것으로 나타났다. 2분기 기준으로 대졸-고졸 임금 격차는 2003년 1.43배, 2004년 1.44배, 2005년 1.45배, 2006년 1.46배, 2007년 1.49배에 이어 올해는 1.5배를 넘어섰다.

학력 간 임금 격차가 늘어나는 것은 성과주의 기업문화 정착 등으로 고학력 숙련노동자와 저학력 비숙련노동자의 임금 상승률에 차이가 나타나고 있기 때문이다.

소득불평등의 원인은 유전적 요인의 차이, 후천적인 교육환경의 차이, 경제적 환경의 차이 등으로 구분한다. 유전적 요인과 교육적 환경에 따라 어떤 개인의 능력이 달라지는데, 이 능력의 차이는 다시 교육수준의 차이로 이어지고 이것이 궁극적으로 경제적 지위의 차이로 이어지게 되는 것이다.

어떤 사람의 경제적 지위는 그가 벌어들이는 소득과 직업적 지위 occupational status에 의해서 영향을 받게 되는데, 직업적 지위와 근로소득의 결정에 직접적인 영향을 미치는 것이 바로 교육수준이다.

(2008년 9월)

제2장

소비자이론 (수요 · 공급의 이론)

2.1 네트워크 효과

일반적으로 한 재화의 수요에 영향을 미치는 요인은 그 재화의 가격, 소득, 다른 재화의 가격, 선호, 재산 등이다. 이런 요인 외에 한 개인의 수요는 다른 사람의 수요에 의해 영향을 받을 수도 있다.

사람들의 수요는 상호의존적 성격을 갖고 있기 때문에 어떤 사람의 수요가 다른 사람의 수요에 영향을 미칠 때 네트워크 효과network effect가 존재한다고 말한다. 한 상품을 쓰는 사람들이 일종의 네트워크를 형성해서 다른 사람의 수요에 영향을 준다는 뜻에서 이런 이름이 붙었다. 네트워크 효과는 악대차효과와 속물효과로 구분한다.

악대차효과는 주변 사람들이 유행처럼 어떤 물건을 사는 데 영향을 받아 자기도 그 물건을 사게 되는 것을 뜻한다. 즉, 남들이 사니까 나도 산다는 것이다. 서커스단 행렬의 선두에 있는 악대차가 사람들의 시선을 끄는 것처럼 어떤 일련의 선두가 유행을 이끌면 다른 사람들이 이에 따르는 것을 뜻한다.

이와는 반대로 어떤 상품을 소비하는 사람의 숫자가 증가함에 따라 그 상품에 대한 수요가 줄어드는 효과를 가리켜 속물효과라고 부른다. 즉, 남들이 사면 나는 안 산다는 것이다. 속물근성이 강한 사람은 엄청나게 높은 가격에도 불구하고 값비싼 유명 브랜드를 구매하는 경향이

있는데, 여기에는 남들은 사지 못하고 자기만 살 수 있다는 심리가 깔려 있다.

이런 사람들은 다른 사람들이 그 재화를 많이 소비하게 되면 자기는 그 재화의 소비를 중단한다. 그 이유는 자기를 비롯한 몇 사람만이 그것을 살 수 있다는 속물적 욕구를 충족시키기가 힘들어지기 때문이다.

(2007년 3월)

2.2 속물효과

수입 명품을 사본 적 있는 국내 20대 중 3분의 1은 카드할부금을 갚는 데 어려움을 겪은 것으로 나타났다. 대한상공회의소가 수입 명품을 구매한 국내 20대 소비자 500명을 대상으로 설문 조사한 결과, 응답자 중 29.8%가 이같이 답했다.

조사 대상 중 37.5%는 '돈이 모자라 짝퉁상품 구매를 고려해 봤다' 고 응답했다. 같은 이유로 '중고품 구매를 생각해 봤다' 고 답한 경우도 24.3%에 이른 것으로 파악됐다. 그럼에도 응답자의 84.8%는 '앞으로도 명품을 계속 살 것' 이라고 밝혔다. '명품 살 생각이 없다' 고 한 응답은 15.2%에 그쳤다. 경기침체에도 명품 소비가 위축되지 않는 것은 명품 구매가 이미 일상화되고 명품을 더 손쉽게 구매할 수 있는 환경이 만들어졌기 때문이다.

대한상의는 "고가 사치품 시장 규모가 지난해 5조원을 넘어서는 등 국내 명품시장이 급속도로 커지고 있다" 고 지적했다. 이어 "명품의 대중화를 일으킨 가장 큰 이유는 유행에 따라 상품을 구매하는 편승 효과" 라며 "소득수준과 관계없이 남을 따라 무리하게 명품을 사는 소비자가 적지 않은 것으로 보인다" 고 분석했다.

비싼 값을 지불하며 명품을 사는 이유는 그것을 구매할 수 있는 사

람이 적기 때문이다. 유명 상품을 파는 기업들은 이를 알고 일부러 엄청나게 높은 가격을 매긴다. 명품의 인기 비결은 보통사람이 감히 사지 못하는 높은 가격에 있다.

특히 속물근성이 강한 사람일수록 남들이 감히 사지 못하는 값비싼 명품에 관심을 보인다. 이런 경우에는 어떤 상품을 소비하는 사람의 숫자가 더 많아질수록 그 상품에 대한 수요가 줄어드는 결과가 나타난다.

이처럼 어떤 상품을 소비하는 사람의 숫자가 증가함에 따라 그 상품에 대한 수요가 줄어드는 효과를 가리켜 '속물효과snob effect'라고 부른다. 즉, 남들이 사면 나는 안 산다는 것이다. 속물근성이 강한 사람은 엄청나게 높은 가격에도 불구하고 값비싼 유명 브랜드를 구매하는 경향이 있는데, 여기에는 남들은 사지 못하고 자기만 살 수 있다는 심리가 깔려 있다.

(2013년 5월)

2.3 보완재

한 상품씩 따로 소비하는 것보다 함께 소비할 때 더 큰 만족을 얻을 수 있는 상품들을 보완재complementary goods라고 한다.

교과서적인 보완재의 예로는 커피와 설탕, 짜장면과 단무지 등이 있다. 반면에 커피와 녹차, 콜라와 사이다처럼 그 용도가 비슷해 한 상품 대신에 다른 상품을 소비해도 얻는 만족에는 별 차이가 없는 상품을 대체재substitute goods라고 한다. 보완관계에 있는 재화들은 한 재화의 수요가 증가하면 다른 재화의 수요도 증가한다.

이런 특성을 이용하면 생맥주 집에서 생맥주와 보완관계에 있는 짭짤한 안주를 싸게 판매해 안주의 매상을 증가시키고 덩달아 맥주의 매상도 더 올릴 수 있다.

보완관계에 있는 두 재화 중 한 재화를 공짜로 주고 다른 재화를 판매하면서 수익을 얻는 공짜 마케팅은 면도기 브랜드 질레트가 시작했다. 질레트는 면도기를 무료로 주는 대신 그 면도기에서만 교환이 가능한 면도날을 별도로 판매해 일회용 면도기 시장의 수익모델을 바꿨다. 비슷하게 존슨앤존슨의 혈당측정기 판매 전략도 기존의 절반도 안 되는 가격에 혈당기를 제공하는 대신에 채혈침과 채혈시험지를 따로 파는 방법으로 수익을 올린다.

대체재와 보완재 관계는 두 상품에 대한 사람들의 평균적인 소비 행태를 드러내는 것이기 때문에 사람에 따라 다르게 느낄 수 있어서 두 재화가 대체재인지 보완재인지 애매할 때도 있다. 소주와 맥주는 비슷한 만족을 주는 술이라고 느끼면 대체재라고 볼 수 있지만, 맥주와 소주를 섞은 폭탄주를 즐기는 사람들에겐 보완재다.

대체재는 둘 중 하나를 선택하고, 보완재는 두 재화를 같이 사용한다는 개념에 비추어 보면 인공지능AI과 인류의 일자리는 대체관계라기보다는 보완관계에 가깝다. 이 밖에도 보완재로 볼 수 있는 관계로는 자본과 노동, 스마트폰과 PC, 에어컨과 제습기, 공교육과 사교육, 전자책과 종이책, 비트코인 같은 가상화폐와 기존 화폐, 자율주행차와 인간이 운전하는 차 등을 들 수 있다.

(2017년 6월)

2.4 담배경제학

2015년 1월 1일부터 담뱃값이 인상됐다. 담배가격 인상에도 알아두면 유용한 몇 가지 경제이론이 있다. 우선 작년까지 1갑당 2천 500원이던 담배가격 구성을 살펴보면, 제조원가 · 유통마진 950원에 담배소비세 641원, 국민건강증진부담금 354원, 지방교육세 321원, 부가가치세 · 폐기물부담금 234원을 더한 1천 550원이 세금이었다.

이번 담뱃값 인상으로 4천 500원이 된 담배가격에는 담배소비세 1천 7원, 국민건강증진부담금 841원, 지방교육세 443원, 부가가치세 · 폐기물부담금 433원, 개별소비세 594원 등 작년보다 1천 768원이 증액된 3천 318원이 세금이다. 이는 담배가격 4천 500원의 74%가 세금이라는 것이다. 세금은 중앙정부가 과세주체이면 '국세', 지방정부가 과세주체이면 '지방세'로 구분한다. 담배소비세는 원래 국세였다가 1989년 지방세로 전환됐다. 담배가격 인상으로 담배 판매량이 대폭 감소했다는 뉴스에서도 수요의 법칙이 작동한다는 것을 알 수 있다.

수요의 법칙이란 한 재화의 가격이 상승하면 수요량이 감소한다는 것이다. 또한 담배가격 인상으로 말미암아 전자담배 판매량이 늘어났다는 소식에서는 대체재에 관한 이론이 적용되고 있음을 알 수 있다.

커피나 홍차처럼 그 용도가 비슷해 한 상품 대신에 다른 상품을 소

비해도 얻는 만족에는 별 차이가 없는 상품을 '대체재' 라고 한다. 대체관계에 있는 한 재화의 가격이 상승하면 다른 재화의 수요가 증가한다.

반면, 커피나 설탕처럼 한 상품씩 따로 소비할 때보다 함께 소비할 때 더 큰 만족을 얻는 상품을 '보완재' 라고 한다. 보완관계에 있는 한 재화의 가격이 상승하면 다른 재화의 수요는 감소한다. 가격탄력성 문제도 살펴볼 수 있다.

가격탄력성이란 가격이 1% 변할 때 수요량이 얼마나 변하는가를 나타낸다. 즉, 가격이 1% 상승할 때 수요량이 1%보다 더 많이 감소하면 탄력적이라 하고, 수요량의 감소가 1%보다 적으면 비탄력적이라 한다. 쌀과 같은 생활필수품에 대한 수요는 비탄력적이고, 다이아몬드와 같은 사치품에 대한 수요는 탄력적이다.

(2015년 1월)

2.5 엥겔계수

지난해 구제역과 한파 영향으로 농수산물을 중심으로 식품물가가 크게 오르면서 저소득층의 엥겔계수가 5년 만에 최고치를 기록했다. 엥겔계수Engel coefficient는 총지출 가운데 식료품과 비주류음료가 차지하는 비율을 의미한다.

지난달 31일 통계청 발표에 따르면 지난해 소득 최하위 20%인 1분위의 엥겔계수는 20.5%로 2005년 20.7% 이래 가장 높았다. 연도별 1분위 엥겔계수는 2006년 20.1%, 2007년 20.2%, 2008년 20.1%, 2009년 20.0%였다. 분위별 엥겔계수는 하위 20~40%인 2분위가 15.8%, 하위 40~60%인 3분위가 14.0%, 상위 20~40%인 4분위는 12.8%, 최상위 20%인 5분위는 11.5% 등 소득수준이 높아질수록 낮았다. 특히 1분위 엥겔계수는 5분위보다 9.0%포인트 높아 저소득층의 먹거리 부담이 고소득층보다 두 배 가량 더 큰 것으로 나타났다.

식료품을 포함해 생계의 필수항목인 의식주 부담 역시 1분위 계층이 높았다. 의식주에 해당하는 식료품 · 비주류음료, 의류 · 신발, 주거 · 수도 · 광열, 가정용품 · 가사서비스가 소비지출에서 차지하는 비중은 44.4%로 절반에 가까워 5분위의 비중 31.7%보다 12.7%포인트나 높았다. 1분위는 소득 구조도 상대적으로 취약한 것으로 드러났다.

1분위 평균소득 119만 1천 107원 중 근로소득과 사업소득이 차지하는 비중은 각각 44.3%, 19.1%인 반면, 주변 가족이나 친지 등으로부터 받는 이전소득 비중은 30.0%로 나타났다.

소득이 증가할수록 식료품에 대한 지출보다 주거비 · 의료비 · 문화비 등 식료품 이외의 지출이 더 크게 증가한다. 따라서 식료품에 대한 지출액이 소득에서 차지하는 비율은 소득이 증가함에 따라 점차 감소하는데, 이를 엥겔의 법칙Engel' s law이라 한다. 엥겔곡선은 가계소득과 소비재 수요량의 관계를 보여준다.

(2011년 4월)

2.6 맥주와 소주

음식점에서 콜라를 주문했는데 콜라가 다 팔려서 사이다밖에 없다고 할 때 사이다를 주문했다면 콜라와 사이다는 서로 대체재라 할 수 있다. 대체재는 용도가 비슷하여 한 상품 대신에 다른 상품을 소비해도 얻는 만족에는 별 차이가 없는 상품들이라 정의한다. 대체재 간에는 한 재화의 가격이 상승하면 다른 대체관계에 있는 재화의 수요가 증가하는 현상이 발생한다.

맥주와 소주는 대체재일까 아니면 보완재일까? 여기에 대한 명확한 결론은 내려지지 않았다. 만일 맥주와 소주가 마시면 취하는 면에서 두 재화 간의 용도에 별 차이가 없는 대체관계에 있다고 하면, 맥주 가격의 인상은 맥주의 수요를 감소시키고 그 결과 효과가 비슷한 소주의 수요 증가를 야기한다.

대체관계에 있는 두 재화의 교차탄력성을 살펴보면 부호가 플러스$^+$로 나타난다. 교차탄력성이란 한 상품의 가격변화가 다른 상품의 수요에 얼마나 영향을 주는가를 살펴보는 척도로 대체재 간의 교차탄력성은 0보다 크다.

하지만 맥주와 소주를 섞어서 만든 '소폭'을 즐기는 사람들의 입장에서 보면 이 두 재화는 대체재가 아니라 보완재이다. 보완재는 커피와

설탕처럼 한 상품씩 따로따로 소비할 때보다 함께 소비할 때 더 큰 만족을 얻을 수 있는 상품들을 지칭한다.

보완관계에 있는 두 재화의 교차탄력성은 마이너스⁻로 나타난다. 만일 맥주와 소주가 보완관계라고 하면, 맥주 가격의 인상은 맥주의 수요를 감소시키고 아울러 같이 섞어 마시는 소주의 수요도 감소시키게 되어 교차탄력성이 0보다 작게 된다. 만일 맥주와 소주 시장이 별개이어서 맥주 가격의 인상이 소주의 수요에 아무런 영향도 미치지 않는다면 이 두 재화는 독립관계에 있다고 한다. 이때의 교차탄력성은 0이다.

(2009년 1월)

2.7 다이아몬드의 역설

경제학에서 가격이 어떻게 결정되는가에 관한 이론에는 수요측 요인인 소비자의 만족도를 중시하는 '효용가치론' 과 공급측 요인인 생산비를 중시하는 '노동가치론' 이 있다. 두 이론은 대립해 왔는데, 고대와 중세까지는 대체로 효용가치론이 우세했다. 노동가치론이 득세한 것은 아담 스미스를 비롯한 영국의 고전학파 시절이다. 아담 스미스는 『국부론』에서 다음과 같이 다이아몬드의 역설diamond' s paradox을 제기하였다.

스미스에 의하면 "물은 없어서는 안 될 필수품이라는 뜻에서 사용가치가 높고 다이아몬드는 살아가는 데 중요한 상품이 아니어서 사용가치가 낮다. 한편 물은 교환가치가 낮고 다이아몬드의 교환가치는 아주 높다" 라며 스미스는 '상품의 가치와 효용은 비례하지 않고 노동이 가치의 척도' 라고 주장하였다.

이 역설은 1870년대에 나타난 '한계효용이론' 에 의해서 해결되었다. 즉, 스미스가 말한 사용가치는 총효용의 개념이라는 것이다. 물의 사용가치가 높다는 것은 사람들이 물 소비에서 얻는 총효용이 크다는 것이며, 다이아몬드의 사용가치가 낮다는 것은 사람들이 다이아몬드 소비에서 얻는 총효용이 작다는 것을 뜻한다.

그런데 한 상품의 가격에 영향을 미치는 것은 한계효용이라는 것이

다. 한계효용학파는 가격이 효용의 총량에는 비례하지 않는 것처럼 보이지만 재화를 1단위 더 소비할 때 발생하는 한계효용과는 비례한다는 것을 수학적으로 증명해 보였다.

이후로 추가적인 변화분을 중시하는 한계분석은 '한계혁명'이라고 할 만큼 주요 이론으로 부상하였다. 오늘날 가격이론에서는 수요 요인과 공급 요인 간의 균형을 유지하려는 견해가 경제학계의 다수 의견으로 받아들여지고 있다.

(2007년 6월)

제3장

시장의 실패 (사회복지정책)

3.1 퇴직연금

평균수명 100세 시대에 퇴직연금에 대한 관심이 높아지는 가운데 이 제도가 도입된 지 10여 년 만인 지난해 말 퇴직연금 적립금이 147조원을 기록했다. 퇴직연금은 근로자가 회사에 다니는 동안 회사가 근로자에게 지불해야 할 퇴직금을 은행이나 보험, 증권사에 맡겨두는 것이다.

전체 근로자의 60%가 퇴직연금에 가입했고, 대기업 10곳 중 8곳이 퇴직연금을 도입했다. 퇴직연금 규모는 2020년 378조원, 2050년 1천928조원(자본시장연구원 추산)으로 커질 전망이다. 퇴직연금은 DB확정급여형 · Defined Benefit와 DC확정기여형 · Defined Contribution로 나뉜다. DB형은 근로자 입장에서 퇴직금과 비슷하며 사전에 받을 연금이 미리 결정된다. DC형은 퇴직금을 매년 중간정산하는 것과 같은 개념이고 근로자가 직접 운영한다.

퇴직연금은 가입 기간이 10년 이상인 근로자가 55세가 됐을 때 연금이나 일시금 형태로 지급받을 수 있다. DB형의 경우 원천적으로 중도 인출이 불가능하다. 반면 DC형은 무주택자의 주택 구입, 무주택자의 전세금 또는 보증금 등 6가지 사유에 해당되면 중도 인출이 가능하다. 금융업계에 따르면, DB형의 지난해 1년 평균 수익률은 1.81%, DC

형의 수익률은 1.71%이다. 지난해 코스피지수 상승률인 3.32%, 전국 아파트 매매가격 상승률인 4.22%보다 부진했다. 그래서 최근 들어 각광받고 있는 TDFTarget Date Fund가 대안이 될 수 있다.

TDF는 생애주기에 맞춰 사회 초년일 때는 위험자산 위주로 투자를 해서 수익률을 끌어올리고 퇴직이 가까워지면 안전자산의 비중을 늘리는 방식으로 운용된다.

하지만 현재 퇴직연금이 연금의 기능을 제대로 하고 있지는 못하다. 2016년 말 퇴직연금 수령을 개시한 사람 24만 718명 중 98.4%는 일시금으로 퇴직금을 한 번에 인출했고 나머지 1.6%만이 연금으로 수령하고 있기 때문이다. 일시금 인출을 줄이고 연금 수령을 늘리기 위해서는 획기적인 세제 혜택이 필요해 보인다.

(2017년 6월)

3.2 국민기초생활보장제도

우리나라의 소득재분배정책은 국민연금 · 건강보험 · 고용보험 · 산재보험 등의 사회보험제도와 국민기초생활보장제도라는 공공부조 프로그램으로 이뤄져 있다. 현재 시행되고 있는 국민기초생활보장제도의 여러 내용 중 몇 가지를 살펴보면 다음과 같다.

첫째, 생활이 어려운 사람에게 최저 생활비를 보장해 일상을 영위할 수 있도록 지원하는 생계급여가 있다. 둘째, 임신이 확인된 의료급여 수급권자에게 임신과 출산에 필요한 의료비를 지원하는 의료급여가 있다. 셋째, 저소득층의 주거안정을 지원하는 기존 주택 전세임대가 있다. 넷째, 수급자에게 적정한 교육기회를 제공해 자립할 수 있는 능력을 배양하는 교육급여가 있다. 다음으로 의료급여 수급권자에게 의료비를 지원해 국민보건 향상 및 사회복지 증진에 기여하는 의료급여가 있다.

국민기초생활보장제도의 가장 중요한 특징은 근로능력의 유무에 관계없이 월 소득이 최저생계비에 미치지 못할 경우 보충급여의 원칙에 따라 그 차액을 정부가 보조해 주는 방식을 취한다는 것이다. 종전의 생활보호제도는 근로능력을 가진 사람에게 생계보조를 해주지 않는 것을 원칙으로 하고 있었다. 그러나 이 제도의 단점은 혜택을 받는 사람의 소득이 늘어나면 바로 그만큼 급여액이 줄어들도록 되어 있어서

스스로의 노력으로 더 많은 소득을 얻으려는 의욕을 꺾는 결과를 빚는다는 것이다. 그래서 최근에 국민기초생활보장제도 이외에 국민 모두에게 일정액을 지급하는 기본소득 도입에 관한 논의가 일고 있다.

기본소득을 찬성하는 측에서는, 기본소득은 일하는 사람에게도 지급되기 때문에 중산층이 튼튼해지고, 기본소득을 나눠주면 전 국민에게 똑같이 혜택이 돌아가기 때문에 조세 저항을 줄일 수 있는 장점이 있다고 주장한다.

외국의 예를 보면, 스위스에서는 기본소득을 도입할 것인지를 묻는 국민투표가 실시됐고, 핀란드에서는 정부가 일부 국민을 대상으로 기본소득 실험을 진행하고 있다. 최근 미국에서는 탄소세를 도입하고 이를 전 국민이 N분의 1로 나눠 갖자는 법안이 발의됐다.

(2016년 11월)

3.3 자녀 장려금

국세청은 오는 31일까지 근로 · 자녀장려금 신청을 받는다. 이에 앞서 국세청은 장려금을 받을 가능성이 있는 254만 가구에 안내문을 보냈다. 근로장려금은 저소득 근로자 가구에 세금환급 형식으로 지급하는 지원금이다. 올해부터는 세무서를 방문하지 않고 국세청 홈택스(www.hometax.go.kr)를 통해서도 신청할 수 있다. 기한 후(6월 1일 ~ 11월 30일) 신청을 한 경우에는 근로장려금 · 자녀장려금 산정금액의 90%가 지급된다.

근로장려금이란 열심히 일은 하지만 소득이 적어 생활이 어려운 근로자 또는 사업자(전문직 제외) 가구에 대해 가구원 구성과 총급여액 등에 따라 산정된 근로장려금을 지급함으로써 근로를 장려하고 실질소득을 지원하는 근로연계형 소득지원 제도이다. 근로장려금은 거주자를 포함한 1세대의 가구원 구성에 따라 정한 부부 합산 총급여액 등을 기준으로 지급되며, 연간 최대 지급액은 210만원이다.

자녀장려금이란 출산을 장려하고 저소득 가구의 자녀양육비를 지원하기 위해 2015년부터 총소득 4천만원 미만이면서 부양자녀(18세 미만)가 있는 경우 장려금을 지급하는 제도이다. 자녀장려금은 부양자녀(18세 미만) 1명당 최대 50만원을 지급한다. 홑벌이 가족 가구가 총급여

액이 2천 100만원 미만이면 자녀장려금은 부양자녀 수 × 50만원으로 계산하고, 총급여액이 늘어날수록 자녀장려금은 줄어든다. 맞벌이 가족 가구는 총급여액이 2천 500만원 미만일 때 자녀장려금은 부양자녀 수 × 50만원이고, 총급여액이 늘어날수록 자녀장려금은 줄어든다.

이때 맞벌이 가족 가구는 전년도 거주자와 배우자 각각의 총급여액 등이 300만원 이상인 가구를 뜻하고, 홑벌이 가족 가구는 배우자 또는 부양자녀가 있는 가구로서 맞벌이 가족 가구가 아닌 가구를 뜻한다.

자녀장려금은 소득세법상 자녀세액공제와 중복하여 적용받을 수 없다. 연말정산 또는 종합소득세 확정신고 시 자녀세액공제를 적용받았다면 자녀장려금 산정액에서 해당 세액을 차감하고 지급한다.

(2016년 5월)

3.4 소득환산율

지난달부터 기초연금 대상자의 소득인정액 산정 때 적용하는 재산의 소득환산율이 연 5%에서 4%로 하향 조정됐다. 소득환산율은 기초연금 신청자의 재산을 소득으로 환산할 때 적용하는 금리를 말한다.

현재 기초연금은 전체 65세 이상 노인 중에서 소득 하위 70% 노인이 받을 수 있으며, 정부는 기초연금을 받을 노인을 선정하기 위해 신청자를 대상으로 소득수준을 조사한다. 이를 위해 복지부는 매년 자체 선정기준액을 정하고 기초연금 신청자의 소득과 재산이 선정기준액 이하이면 기초연금을 준다.

즉, 신청자의 소득평가액(소득의 일정 부분을 공제한 후의 소득)과 소득환산액(재산을 소득으로 환산한 금액)을 합친 '소득인정액'이 선정기준액 이하이면 기초연금 수급자가 된다. 복지부는 올해 이 선정기준액을 단독 노인가구 기준 월 93만원(노인부부 가구 월 148만 8천원)으로 작년보다 상향 조정했다. 선정 금액을 높여 기초연금 대상자를 늘리겠다는 것이다.

소득환산율도 같은 이유로 하향 조정했다. 이전까지 소득인정액을 계산할 때 적용하는 금리는 5%였다. 기초연금 신청자가 가진 집 · 땅 등 부동산을 소득으로 따질 때 부동산의 5%를 소득으로 적용하는 것이

다. 현재 시중 은행예금 이율이 2% 수준인 점에 비춰 볼 때 상당히 높다. 그러다 보니 재산의 소득 환산과정에서 재산이 고평가돼 소득이 실제 소득보다 높은 것으로 계산되는 것이다.

이 때문에 기초연금을 신청하더라도 자격 미달로 받지 못하는 경우가 나오고 있다. 비슷한 경우인 주택연금은 부동산의 소득인정액을 3.27%, 농지연금은 4.37%로 적용하고 있다. 소득환산율을 4%로 낮춰 기초연금 신청자의 재산이 높게 평가되는 것을 방지함으로써 10만 명 정도의 어르신이 기초연금을 받을 수 있을 것으로 기대된다.

(2015년 11월)

3.5 본인부담 상한제

국민건강보험공단(이하 건보공단)이 지난 2004년부터 실시하고 있는 본인부담 상한제는 시민들의 의료비 부담을 덜어주는 제도다. 환자가 연중 지불한 의료비가 일정 상한액(소득수준에 따라 120~500만원)을 넘으면 그 초과액을 건보공단이 돌려주는 제도다. 이 제도는 시민이 예상치 못한 질병, 사고를 당했을 경우 발생하는 막대한 의료비에 대한 부담을 덜어주자는 취지로 시작됐다.

상한액은 소득수준(소득분위)에 따라 정해진다. 소득분위는 개인의 건강보험료를 바탕으로 전체 가구를 소득수준에 따라 10%씩 10단계로 나눈 지표로 1분위가 소득이 가장 낮고 10분위가 가장 높다.

2009~2013년은 1~5분위(하위 50%)의 경우 상한액이 200만원, 6~8분위(중위 30%)는 300만원, 9~10분위(상위 20%)는 400만원이었다. 하지만 지난해부터 7단계로 세분하고 액수도 조정하는 등 제도가 개선됐다.

소득 1분위는 상한액이 120만원, 소득 2~3분위는 150만원, 소득 4~5분위는 200만원, 소득 6~7분위는 250만원, 소득 8분위는 300만원, 소득 9분위는 400만원, 소득 10분위는 500만원으로 변경됐다. 그 결과 환급 대상자가 저소득층은 늘었고 고소득층은 줄었다.

건보공단에 따르면 지난해 상한액을 초과해 의료비를 사용한 가입자는 모두 47만 9천 312명, 이들이 돌려받은 액수는 8천 706억원에 달했다. 연령별로는 65세 이상 어르신이 전체의 68%를 차지했다.

하지만 건강보험 본인부담 상한제를 악용하는 사례도 적지 않다. 최근 조사에 따르면 수백억대 재산가도 소득 최하위층으로 분류돼 환급이 이루어지고 있는 것으로 드러났다. 그 이유는 건강보험 본인부담 상한제가 가입자의 경제 능력을 평가하는 기준으로 건강보험료 자료만 활용하고 있기 때문이다.

지역가입자는 소득과 재산을 모두 따져 건보료를 산정하지만 직장인은 소득만 따지기 때문에, 재산이 많아도 건보료를 적게 내면 최저 소득층으로 분류돼 진료비를 돌려받는 불합리가 발생하는 것이다.

(2015년 10월)

3.6 푸드스탬프

우리나라에서도 얼마 전 논란이 있었던 저소득층의 무상급식제도와 비슷하게 미국도 식료품에 대한 복지정책을 정부차원에서 시행하고 있다. 미국의 식료품 복지제도인 '푸드스탬프Food Stamp · 식품구매권'는 빈곤층에게 식료품 구입비를 지원하는 사회보장제도의 일종이다.

이 제도는 저소득층에게 지정된 업소에서 식품을 구매할 수 있는 쿠폰을 제공한다. 현금 대신 푸드스탬프로 지급하는 이유는 먹는 것이 중요하다는 전제 하에 저소득층의 식생활을 보조하기 위해서이다. 즉, 저소득층이 지원금으로 식료품 이외의 술, 담배, 마약, 도박 혹은 총기류 등의 구매를 하지 못하도록 하기 위한 것이다.

요즈음의 푸드스탬프는 카드를 사용하지만 이전에는 1달러, 5달러, 10달러 등의 숫자가 적힌 종이쿠폰 형태로 사용되어져 왔기 때문에 푸드스탬프라고 불린다. 예전에 쿠폰 형태의 푸드스탬프를 이용할 때는 현금을 원하는 사람들로부터 10달러 쿠폰을 5달러에 현금으로 사서 불법 이득을 취하다가 적발되고 벌금과 세금을 추징당하는 경우가 종종 있었다.

1990년대 후반 푸드스탬프 제도가 개정되었고 쿠폰은 현금카드Electronic Benifit Transfer ; EBT 제도로 바뀌었다. 미국 의회는 2008년 8월 푸

드스탬프 제도를 영양보충지원제도Supplement Nutrition Assistance Program ; SNAP로 이름을 바꿨다. 이 제도에 따라 소득수준과 가족 수를 기준으로 산정한 금액을 매달 1일 0시를 기해 현금카드에 충전해 주었다. 하지만 액수가 충분치 않아서 대부분의 수혜자는 돈이 들어오자마자 금방 다 써버리고 월말까지 궁핍하게 생활한다고 한다. 또한 돈이 새로 충전되는 매달 말일 밤이 되면 이들이 식료품을 사느라 대형마트가 붐빈다고 한다.

미국에서 푸드스탬프 수혜자는 2008년 2천 822만 명에서 2010년 4천 300만 명을 거쳐 올 2월 4천 760만 명으로 사상 최대치를 기록 중이다.

(2013년 6월)

3.7 눔프 현상

얼마 전 끝난 4 · 11 총선을 계기로 복지에 대한 관심이 더욱 높아지고 있다. 하지만 최근 발표된 '복지의식의 이중성과 눔프NOOMP 현상' 이라는 보고서에 따르면, 우리나라 국민은 복지 현안에 대해 혜택은 원하지만 부담은 싫어하는 이중성을 보였다.

지난달 6~13일 전국 20세 이상 경제활동 중인 성인 남녀 1천 8명을 설문조사한 결과를 보면 논란이 되는 무상복지 공약들에 대한 찬성 비율은 64.4%를 나타냈다. 특히 소득과 자산이 적을수록 찬성률이 높았다. 20대 75.4%, 30대 72.7%, 40대 59.7%, 50대 이상 52.4% 등 젊을수록 복지에 대한 추가적인 요구가 강했다. 그러나 이러한 복지공약이 포퓰리즘이라는 지적에도 65.6%가 공감했다. "무상복지에 찬성은 하지만 이는 포퓰리즘이다" 라고 답한 것이다.

소득수준이 높을수록, 자산 규모가 클수록, 학력이 높을수록 이런 견해에 공감하는 답변이 많았다.

복지재원 조달 문제에는 자신의 부담을 가장 적게, 그리고 나중에 하겠다는 이른바 '눔프Not Out Of My Pocket ; NOOMP 현상' 을 보였다. 복지서비스를 위한 추가재원 조달에 대한 질문에는 39.2%가 부자증세를 꼽았다. 이어 탈세 예방 37.5%, 정부예산 절감 18.7% 등이었다. 자신

의 부담으로 돌아오는 세율 인상은 4.6%에 불과했다. 복지서비스를 강화하기 위해 "세금 부담을 확대해야 하느냐"는 질문에는 찬성 48.7%, 반대 51.3%로 찬반 의견이 팽팽했다. 찬성 측에 추가부담 규모를 묻자 현재 세금의 10% 내외라는 답변이 83.1%로 압도적으로 많았다.

복지 혜택은 더 받고 싶으나 세금 추가부담은 최소로 하고 싶다는 반응이다. 반대 이유로는 경제적 여건 부족이 48.8%로 가장 많았고, 정부 서비스에 대한 불신이 43.9%로 뒤를 이었다.

이 보고서는 우리나라의 복지수준이 미흡하다는 평가가 상당하고 무상복지 공약에 대한 찬성 의견이 많아, 향후 복지서비스에 대한 요구가 계속 증가할 것으로 예상됨에 따라 재정건정성을 감안한 복지서비스 강화가 필요하다는 것을 시사한다.

(2012년 4월)

3.8 취업 후 학자금 상환제

취업 후 학자금 상환제Income Contingent Loan ; ICL 시행을 두고 논란이 일고 있다. 정부는 올 1학기부터 취업 후 학자금 상환제를 시행하려고 했으나 관련법 통과가 무산됨에 따라 이 제도를 1학기부터 적용하는 것이 물리적으로 불가능하다는 결론을 내렸다. 관련법 정비 후, 2학기부터 제도를 적용하려 했으나 학부모와 대학생들의 원성이 높아지자 여야가 뒤늦게 타협을 서두르고 있다. 오는 15일쯤 임시국회를 소집, 법안을 처리하면 1학기부터 ICL의 혜택을 받을 수 있는 길이 열릴 것이다.

만일 1학기에 ICL 도입이 무산되면 대학생들은 기존의 학자금 대출 제도를 이용해야 되는데, 이 경우 현재보다 유리한 조건으로 학자금을 대출받으려던 수십만 명의 저소득층 대학 재학생과 신입생들의 피해가 불가피할 것으로 보인다.

새 제도는 거치기간 동안에는 무이자에 대학 졸업 후 일정한 소득이 생긴 시점부터 원금과 이자의 상환이 시작되는 반면, 기존 학자금 대출은 학교를 다니면서도 이자를 물어야 하고 5~6년 거치기간이 끝나면 소득 여부와 관계없이 갚아야 하기 때문이다.

ICL은 학자금 대출을 원하는 모든 대학생들에게 등록금 실소요액 전액을 대출(1인당 한도 없이)해 주고 소득이 발생한 시점부터 원리금을

분할 · 상환하도록 하는 제도이다. 대학원과 학점은행제를 제외한 대학교, 전문대, 방송통신대, 폴리텍대, 사이버대 재학생(신입생 포함)은 누구나 신청 가능하며, 등록금 전액과 연간 200만원 한도 내 생활비를 대출받을 수 있다.

대출대상은 소득 7분위(연소득 약 4천 389만원) 이하 가정의 35세 이하이고 평균 성적이 C학점 이상이어야 한다. 대출금을 갚아야 하는 상환개시 기준소득은 4인 가족 최저생계비인 연 1천 592만원이다.

(2010년 1월)

3.9 미소금융

서민의 자활 지원을 위한 '마이크로 크레디트Microcredit 사업'이 대폭 확대된다. 이를 위해 기존 휴면예금을 재원으로 운영되던 소액서민금융 사업이 재계 및 금융권 기부금을 포함한 '미소美少금융 사업'으로 새롭게 태어난다.

금융위원회는 서민의 자활 지원을 위한 미소금융 사업을 대폭 확대해 가며 적극적으로 추진할 계획이다. 미소금융이란 '아름다운 소액대출(美少 : 아름다운 소액)'로 서민들에게 희망을 주는 사업이라는 의미가 담겨 있다. 이는 그동안 신용등급이 낮은 서민들은 상대적으로 제도권 금융기관을 이용하기가 쉽지 않아 불법사금융 등을 이용하게 됨에 따라 발생하는 문제점을 해소하고 저소득층의 경제적 자립을 지원키 위해 마련한 조치이다.

지난 17일 금융위원회는 저신용자 창업지원 대출인 미소금융 사업이 연내 출범한다며 휴면예금과 기업 및 금융회사의 기부금으로 2조원 규모의 기금을 조성해 앞으로 10년간 25만 가구를 지원할 방침이라고 밝혔다.

미소금융 사업의 출범, 즉 무담보 소액대출을 추진하게 된 계기는 외환위기 이후 10여 년간 양극화가 심화하여 중산층이 엷어지고 저소

득층으로 전락한 서민층이 증가함에 따라 저신용층이 글로벌 금융위기에 더욱 큰 어려움을 겪고 있기 때문이다.

미소금융중앙재단은 영세업자 운영자금, 전통시장 상인대출, 프랜차이즈 창업자금, 일반 창업자금, 공동대출, 사회적 기업 지원자금 등을 지원하며, 대출한도는 지원 내용에 따라 500만원에서 1억원 이내이다. 금리는 현시점에서는 5% 수준을 예상한다.

재계와 금융권이 저소득층의 자활 지원을 위한 자금을 기부하고, 직접 미소금융 사업을 수행함으로써 기업의 사회적 책임을 이행한다는 점과, 미소금융 사업의 운영을 미소금융지점 대표자, 금융회사 퇴직자, 청년 자원봉사자 등의 참여로 사회에 이바지할 수 있는 기회를 제공한다는 나눔과 봉사 문화에서 의의를 찾을 수 있다.

(2009년 9월)

3.10 중복세대모형

경총, 대한상의, 전경련 등 경제 5단체는 연금 수령자의 혜택이 너무 크다며 연금 혜택을 낮추는 방향으로 국민연금법을 개정할 것을 국회에 요구하겠다고 한다. 경제 5단체는 '소득 대비 60%로 돼 있는 연금 혜택을 40%로 낮추지 않으면 다음 세대는 앞으로 보험료를 30%까지 부담하게 될 것' 이라고 주장했다.

이 모형은 젊은 세대에 속하는 사람과 나이 든 세대에 속하는 사람이 중복되어 경제생활을 하고 있다는 의미에서 중복세대의 모형 overlapping generation model이라고 불린다. 각 사람은 젊은 시절과 나이 든 시절에 걸쳐 생존하고, 두 개 단위의 소비 가능한 자원(예를 들면 빵 두 개)을 갖고 태어난다. 이것은 바로 젊은 시절에서만 소비할 수 있고 다음 세대로 이전해서 소비할 수 없다고 가정하자. 이 단순한 경제의 자원 배분에 대한 해결방안은 두 가지가 있다.

첫 번째는 각자가 태어날 때 갖고 나온 자원, 즉 두 개 단위의 초기 부존자원을 생애의 제1기에 소비하는 것이다. 이 상태는 실현 가능하지만 효율적이지 못하다. 두 번째는 젊은 세대와 나이 든 세대 간의 사회적 계약을 통해서 이루어질 수 있다. 현재 젊은 세대에 속하는 사람들이 초기 부존자원 중 한 개 단위만 자신이 사용하고 나머지는 나이 든

세대에 이전하는 것이다. 본인이 나이가 들면 그때의 젊은 세대에게 한 개 단위의 자원을 이전받기로 한다는 사회적 약속이다.

이 사회적 계약을 통해 모든 사람이 생애의 제1기와 제2기에 각각 한 개 단위씩의 자원을 소비할 수 있게 된다. 이와 같은 사회적 계약을 통해 모든 사람의 복지가 증진될 수 있는데 국민연금제도는 이를 구체화시킨 제도라고 볼 수 있다. 중복세대 모형의 요지는 세대 사이에서 자원을 이전함으로써 사회복지를 증진시키자는 것이다.

(2006년 11월)

3.11 소득대체율

"국민을 위한 국민연금이라면서 지금까지 국민연금을 칭찬하는 사람을 한 번도 본 적이 없다"는 등의 유서를 남기고 자살한 국민연금 공단직원의 이야기가 충격을 주고 있다. 현행 국민연금제도를 유지할 경우 2036년에 적자가 발생하고, 2047년도에 기금이 소진될 것이라는 재정전망이 나왔다. 이에 따라 복지부는 가입자의 소득대체율을 현행 60%에서 2004년부터 55%로 낮추고, 2008년부터 다시 50%로 낮추는 것을 골자로 한 국민연금 개편안을 확정했다고 지난 8일 밝혔다.

그러나 정부는 작년 말과 올 봄에 관련 법 개정을 통해 공무원 · 군인 · 사학연금 가입자의 연금 수령액을 종전보다 평균 14% 정도 인상해 준 바 있기 때문에 이는 형평성에 어긋난다는 비판이 제기되고 있다. 공무원 · 군인연금은 만성적자 상태인 데 비해 국민연금은 아직 흑자 상태인 데도 혜택은 깎이고 부담은 늘어나게 돼 정부가 내세우는 '연금개혁'의 잣대가 대상에 따라 다르다는 지적을 받고 있다.

소득대체율income replacement ratio은 가입기간의 월소득 평균액 대비 연금수령액의 비율을 나타낸다. 즉, 은퇴 이후에 일정한 생활수준을 유지하기 위한 소득을 은퇴 이전의 소득으로 나눈 비율을 뜻하며, 그 값이 1에 가까울수록 은퇴 전후의 소득에 차이가 없다는 것을 나타낸다. 다

시 말해서 은퇴 이후의 필요 소비수준을 유지하기 위한 소득 역시 은퇴 이전 소득의 일정 비율이 돼야 한다고 보는 것이다.

미국의 한 경제학자는 은퇴 가구의 경우는 직업 관련 비용이나 세금, 저축과 같은 지출이 더 이상 필요하지 않기 때문에 은퇴 이전의 수준을 유지하기 위한 소득이 비 은퇴 가구의 소득보다는 항상 낮다고 주장한다.

(2003년 9월)

3.12 소득불균형

지난 4월 22일에 조세연구원에서 '소득계층별 · 연령별 소득분포 분석을 통해 살펴본 소득분배 구조의 현황'이라는 보고서가 발간되어 눈길을 끌고 있다. 보고서에 의하면 우리나라 도시 가구의 소득분배구조는 1982년부터 1990년 초까지 지니계수가 지속적으로 하락하였고, 1990년 중반까지는 별다른 변화를 보이지 않다가 1996년 이후에 상승세로 반전되었다.

소득불평등 정도를 측정하는 지표 중에 지니계수Gini's coefficient가 있는데 소득불평등이 클수록 그 값은 1에 가깝고 소득분배가 균등할수록 그 값은 0에 가까워진다. 보통 소득분배를 논할 때는 연령의 구분 없이 소득만 가지고 분석하였는데, 이 보고서는 소득순위와 연령의 두 가지 기준을 가지고 소득분배구조를 분석한 것이 특징으로 볼 수 있다.

보고서 결과에 따르면 고연령층으로 갈수록 소득분배 격차가 확대되는 경향이 있는 것으로 나타났다. 2001년 자료로 분석한 결과 지니계수는 25세가 0.219, 35세가 0.250, 45세가 0.267, 55세가 0.277, 65세가 0.305 등으로 나타났다. 30대의 경우 35세의 지니계수가 0.25로 가장 높고 평균은 0.233으로 나타난 반면, 60~65세에서는 63세의 0.331이 가장 높고 평균은 0.32 정도인 것으로 나타났다. 즉, 60대의

지니계수값이 30대보다 40% 가량 높은 것으로 밝혀졌다.

이는 은퇴 이후의 연령층에서도 연령이 증가할수록 소득분배 격차가 더 벌어질 수 있다는 점에서 노인복지정책 방향에 시사점을 제공해 주고 있다.

이 밖에도 소득불평등을 나타내는 지표에는 소득분배가 평등할수록 직선에 가깝고 불균등할수록 아래로 늘어지게 그려지는 로렌츠곡선과 최하위 40% 소득계층의 소득점유율을 최상위 20% 소득계층의 소득점유율로 나눈 값인 10분위분배율 등이 있다.

(2003년 5월)

제4장

시장의 실패 (정부규제)

4.1 레몬

중고차 시장에서는 중고차를 사려는 사람보다 파는 사람이 차의 문제점이나 결함 등에 관해 훨씬 더 잘 알고 있다. 이 때문에 중고차 구입자는 빛 좋은 개살구처럼 질 낮은 차를 비싼 가격에 사는 사례가 있다. 이런 형편없는 차를 영어로는 '레몬lemon'이라 한다.

중고차 시장에서 차를 구매하는 사람은 품질이 나쁜 차 기준으로 가격을 지불하려 하고, 상태가 좋은 차량 소유자는 그 가격에는 차를 팔려고 하지 않는다. 결국 중고차 시장에는 양질의 매물은 사라지고 질이 낮은 매물들만 남아 있게 되며 매매가 잘 이뤄지지 않는다.

이러한 문제를 해결하는 방안으로는 중고차 딜러가 개입하는 방법이다. 중고차 딜러는 중고차가 성능이 좋은 차인지 레몬인지를 판별하는 전문가로 중고차 시장에서 정보를 생산한다.

중고차 딜러는 일단 차의 상태가 좋다고 판단되면 책임보증 등의 방법으로 차를 판매한다. 딜러의 이러한 보증이 있기 때문에 사람들은 중고차를 더 쉽게 구매하게 되며, 딜러는 자신이 산 가격보다 높은 가격에 중고차를 판매하면서 중고차의 품질에 대한 정보를 생산한 데 따른 이득을 얻는다.

중고차 구입 시 고려해야 하는 사항 중의 하나가 자동차의 감가율이

다. 감가율은 신차 가격에 대한 중고차의 할인율이다. 신차 가격이 1천만원인 차량의 중고차 가격이 700만원이라면 감가율은 30%이다. 2015년 현재를 기준으로 3년이 지난 중고차 중에서 2012년식 기아차의 뉴 쏘렌토 R의 감가율은 15.8%이다. 즉, 2천 874만원에 구입해서 3년을 타고 되팔면 2천 420만원에 다시 팔린다는 얘기다.

2012년식 중고차 중에서 감가율이 가장 낮은 차종을 살펴보면, 국산차 중 경차는 기아 레이 프레스티지(32.4%), 소형은 기아 K3 럭셔리(25.5%), 중형은 르노삼성 뉴 SM5 플래티넘(32.3%), 대형은 기아 더 뉴 K7(25.5%), SUV는 기아 뉴 쏘렌토 R(15.8%) 등이 있다.

수입차로는, 소형차는 아우디 뉴 A4 2.0(35.2%), 중형차는 폭스바겐 더 뉴 파사트 2.0(36.0%), 대형차는 아우디 A7 3.0(42.9%), SUV는 혼다 뉴 CR-V(30.0%) 등이 있다.

(2015년 6월)

4.2 흡연의 외부성

외부성externalities 또는 외부효과external effects는 어떤 경제활동 혹은 경제현상이 시장의 테두리 밖에서 일어난다는 뜻에서 이름 붙여졌다. 즉, 어떤 행위가 제3자에게 의도하지 않은 혜택이나 손해를 가져다주는데, 이에 대한 대가를 받지도 지불하지도 않을 때 외부성이 발생한다고 말한다.

외부성은 이로운(긍정적) 외부성과 해로운(부정적) 외부성으로 구분한다. 공장에서 뿜어내는 매연은 주변 이웃에게 불편을 끼침에도 불구하고 보상을 하지 않았을 경우에 해로운 외부성이 발생했다고 한다. 집주인이 의도하지는 않았지만 자기 집 담장의 예쁜 장미를 보고 길가는 행인이 아름다움을 느꼈다면 이로운 외부성이 발생했다고 할 수 있다.

흡연은 부정적 외부성을 주로 발생시킨다. 첫째, 의료비가 증가된다. 흡연자의 의료비용을 모든 보험가입자가 나눠 부담하는 경우에 의료비가 증가하는 흡연의 해로운 외부효과가 발생한다. 둘째, 흡연자는 일을 하는 도중에 담배를 피우기 위해 더 자주 휴식시간을 갖는 등으로 생산성이 낮을 수밖에 없다. 고용주는 흡연자들로 인한 생산성 손실을 상쇄하기 위해 모든 근로자의 임금을 낮추어야 하는 외부효과도 발생할 수 있다. 셋째, 흡연자들은 담뱃불을 끄지 않은 채 잠드는 경우가 많아

화재를 일으킬 가능성이 비흡연자보다 높다는 것이다. 화재가 비흡연자의 재산 손실을 가져오게 되면 모든 화재보험 가입자의 보험료를 인상 시켜야 할 수도 있다. 넷째는 간접 흡연이다. 흡연 시 가족의 효용을 고려하지 않을 때 주위 가족들이 간접 흡연으로 피해를 볼 수 있다.

흡연의 긍정적 외부성도 있다. 흡연자가 조기사망하게 되면 이로운 외부효과로 이어질 수 있다는 것이다. 흡연자가 사회보장연금급여를 모두 수령하지 않은 채 조기사망하기 때문에 또한 노령에서의 높은 의료비 지출이 줄어들기 때문에 비흡연자들은 돈을 절감할 수 있는 긍정적 외부효과가 발생할 수 있다.

(2015년 1월)

4.3 정부의 실패

오늘날 거의 모든 국가에서 채택하고 있는 혼합경제 체제는 자본주의와 사회주의 경제체제를 혼용하는 형태이다. 이 체제는 시장의 기능을 존중하면서도 시장의 실패가 발생하면 정부가 시장에 개입하는 형태이다.

시장의 기능이 제대로 작동하지 않는 경우를 시장의 실패라고 한다. 시장의 실패를 치유하기 위해 정부가 시장에 개입했음에도 불구하고 상태를 더 악화시키는 경우가 있는데 이를 정부의 실패government failure라 한다. 따라서 시장의 실패에 정부가 반드시 시장에 개입해야 하는 것은 아니다. 즉, 정부가 시장에 개입한다고 해서 반드시 상황을 호전시키지는 않는다는 말이다.

우리나라에서 벌어졌던 정부의 실패 사례는, 북한에 퍼주기식 지원 및 대학 입시점수의 등급화 등 이루 헤아릴 수 없을 정도다. 최근 미국이 경기침체를 막기 위해 1천 500억 달러 규모의 세금 환급 및 금리 인하에 나서는 등 경기부양책을 실시하는 것도 하나의 정부 개입인데, 이 정책이 효과를 보지 못하면 정부의 실패에 포함된다.

노벨 경제학상 수상자인 조셉 스티글리츠 컬럼비아대 교수는 "통화정책이 시장에 영향을 미치기 위해서는 통상 6개월에서 18개월 정도 시

간이 걸린다"며 "미국 연방준비제도이사회FRB의 금리 인하는 너무 늦었고 너무 소폭이었다"라고 미국 정부의 금리정책을 비판했다.

정부의 실패를 방지하는 방법에는 공공 기능을 민간에게 위탁하는 아웃소싱, 민영화 등이 있다.

(2008년 2월)

4.4 상트페테르부르크의 역설

상트페테르부르크는 러시아의 제2의 도시다. 제정 러시아 때는 페테르스부르크라는 이름으로 불렀고, 1914년 페트로그라드로 개칭되었다가 1924년 레닌이 죽자 그를 기념하여 레닌그라드라 불렀다.

1991년 러시아어의 옛 이름인 상트페테르부르크를 되찾았다. 도시 전체가 유네스코 세계문화지로 지정될 정도로 문화적 가치를 가지고 있는 곳이어서 관광명소로도 유명하다.

경제학에서도 상트페테르부르크에 관한 일화가 있다. 18세기 상트페테르부르크 시의 카지노에서는 동전 던지기 도박이 성행했는데, 뒷면이 계속해서 나오면 그 횟수에 따라 상금이 늘어나지만 앞면이 나오면 게임은 끝이 난다. 이 게임의 기대상금을 계산하면 무한대임에도 불구하고 이 게임에 참여하는 사람들은 거의 없었다고 한다. 참가비가 그다지 비싸지 않음에도 불구하고 사람들이 선뜻 도박에 참가하려고 하지 않는다는 것이 당시로는 이해할 수 없는 역설이었다.

이 역설은 스위스의 수학자 니콜라스 베르누이가 제기하였고, 이에 대한 해답은 니콜라스의 사촌인 다니엘 베르누이에 의해서 풀리게 되었다.

그는 사람들이 관심을 갖는 것은 기대수익이 아니라 만족의 기대치

즉, 기대효용expected utility이라는 것이다.

도박의 기대치가 높음에도 불구하고 도박에 참가하지 않으려 한다는 것은 사람들이 도박 참가로 얻을 수 있는 심리적인 만족의 증가분이 도박 참가비 지불에 따른 심리적인 만족의 감소분보다 적기 때문이라는 것이다.

(2007년 5월)

4.5 공유지의 비극

최근 중국이 다르푸르 학살 사태를 방치하자 미국 할리우드 스타들이 나서서 중국을 움직였다는 보도가 나왔다.

다르푸르 사태란 방목 · 토지 소유권을 놓고 지난 2003년부터 다르푸르 토착 흑인부족과 수단 정부의 주축을 이루는 아랍계 유목민 간의 갈등이 초래한 최악의 인권탄압 · 유린 상황을 일컫는다. 2003년 흑인 반군이 봉기하자 정부의 후원을 받은 아랍계 민병대 '잔자위드'가 지역 주민을 살해해 지금까지 다르푸르 주민 20만 명이 죽고 250만 명이 난민이 발생했다.

이 사태와는 조금 성격이 다르기는 하지만 경제학에서는 소유권 문제에 대해서도 관심을 보인다.

한때 풍부한 어족자원으로 이름을 날리던 바다가 남획으로 인해 거의 죽은 바다가 된 경우도 있고, 북아프리카 유목민들은 척박한 땅에 너무 많은 가축을 풀어놓아 그 땅이 모두 사막으로 변해 버렸다고 한다. 바다나 들판은 모든 사람의 공동재산이라고 할 수 있는데 소유권이 분명하지 않기 때문에 각 개인은 이를 아껴 쓸 유인을 갖지 못하게 된다.

이와 같이 소유권이 명확하게 규정되어 있지 못해 아까운 자원이 낭비되고 마는 현상을 공유지의 비극tragedy of commons이라고 부른다.

시장경제에서 재산권이 중요하고 유용한 이유는 재산권이 잘 정의된 자원을 소유한 사람은 그 자원의 가치 하락이 자신의 손실로 직결되므로, 이를 방지하기 위하여 그 자원을 효율적으로 사용하려는 유인을 갖기 때문이다.

재산권이 잘 정의되지 않은 경우 자원이 비효율적으로 배분될 수 있음은 다음의 예에서 설명될 수 있다. 모든 사람이 자유롭게 접근할 수 있는 공공재산인 목초지가 있다고 가정하자. 모든 목축업자들은 이 목초지에서 가축을 사육함으로써 이득을 얻을 수 있다.

그러나 어느 누구도 이 목초지에 대한 재산권을 갖고 있지 않으므로 이 목초지는 사회적으로 적정한 수준보다 더 심하게 훼손될 수 있다. 이를 공유지의 비극이라 한다.

(2007년 5월)

4.6 무임승차

미국이 한반도 유사시에 대비해 배치해 놓은 전쟁예비물자를 없애겠다고 지난해 5월 우리 측에 통보한 것으로 밝혀졌다. 99.8%가 탄약으로 구성된 전쟁예비물자는 한반도 유사시 탄약 소요량의 60%에 해당한다. 이를 폐기할 경우 우리 군의 탄약 보유량은 10일치에도 못 미친다는 평가다. 미국 측은 "한국의 경제력이 성장한 만큼 더 이상의 안보 무임승차는 곤란하며 대가를 지급해야 한다" 는 입장을 전하고 있다.

무임승차자의 문제free rider' s problem는 공공재 이론에서 다루고 있는데 그 의미는 공공재에 대한 자신의 선호를 왜곡함으로써 더 많은 혜택을 누리고자 하는 행위라고 정의한다. 이 문제는 사람들이 공공재의 혜택을 원하면서도 그 비용은 부담하지 않으려 하기 때문에 발생한다.

즉, 비용부담을 회피하기 위해 자신은 그 공공재를 원하지 않는다고 말해 놓고 다른 사람들의 노력에 의해 공공재가 공급되면 공짜로 이용하려 하기 때문에 문제가 발생한다. 이는 공공재의 배제불가능성이란 특성에서 비롯되는데, 공공재는 이를 생산하는 데 전혀 비용을 부담하지 않았다 하더라도 소비에서는 배제시킬 수가 없다는 것이다.

예를 들어 국방이나 경찰 서비스 같은 경우에는 대가를 지불하지 않았다고 해서 서비스를 못 받게 하기는 힘들다는 것이다.

공공재는 도로나 공원같이 공동의 소비를 위해 생산된 재화나 서비스를 뜻하는데 배재불가능성과 소비의 비경합성의 두 가지 특성을 갖고 있다. 소비의 비경합성은 특정한 공공재를 여러 소비자들이 동시에 소비할 수 있음을 의미한다. 사용재의 경우는 한 소비자가 그 재화를 소비하면 다른 소비자들은 그 재화를 소비할 수 없는 경합적인 데 반해, 국방과 같은 공공재는 모든 국민이 동시에 혜택을 받을 수 있는 비경합성을 지니고 있다.

이러한 두 가지 특성을 지니고 있는 공공재는 만일 시장의 자율적인 생산에 맡길 경우 생산되지 않거나 너무 적게 생산된다.

(2005년 3월)

4.7 공공재

우리나라의 경제 상태가 좋지 않은 데도 불구하고 각종 이익단체들의 과격한 시위로 인해 많은 전경들이 다치고 경찰 버스가 불에 타는 등 외국 투자가들도 우려할 일들이 벌어지고 있다. 올해 11월 20일까지 부상한 전경 수가 작년 같은 기간보다 2배 이상 늘었으며 시위과정에서 파손된 경찰장비는 지난 10월까지 1천 741건으로 작년 한 해(273건)의 6배가 넘었다고 한다.

공공기관이나 공공시설 등과 유사한 개념으로 경제에는 공공재가 있다. 경찰, 국방, 공원, 등대 등이 공공재의 예이다. 경제에서 재화라고 이야기할 때는 보통 민간재 또는 사유재를 뜻한다. 이는 각 단위를 한 사람만이 소비할 수 있는 상품을 말한다. 이와는 대조적으로 여러 사람이 동시에 사용할 수 있는 재화나 서비스가 있는데 이를 공공재public goods라고 한다. 공공재는 공동의 소비를 위하여 생산된 재화나 서비스라고 정의할 수 있다.

공공재는 두 가지 특성이 있는데, 그 첫 번째는 비경합성이다. 예를 들어 다른 나라의 침략으로부터 우리나라를 지키는 국방서비스는 내가 사용한다고 해서 다른 사람이 혜택을 못 받는 것이 아니다. 두 번째 특징은 비배제성이다. 가격을 지불하지 않아도 소비로부터 배제시킬 수

가 없다는 뜻이다. 어떤 이유에서든지 어느 특정 개인만을 국방서비스로부터 제외시킬 수 없다는 것이다.

국방서비스는 공공재의 두 가지 특성을 모두 만족하는 순수 공공재의 보기이다. 이 외에도 시청료를 받는 KBS 방송처럼 비경합적이나 배제 가능한 공공재도 있고, 무료이기는 하나 복잡한 도로처럼 비배제성을 갖고 있으나 경합적인 공공재도 있다.

(2003년 12월)

제5장

정부 정책 (가격규제 및 환경정책)

5.1 경제정책

경제문제를 해결하기 위한 기본적인 방법에는 모든 경제문제는 정부가 나서지 말고 시장에 맡겨놓아야 한다는 입장과 시장의 자율보다는 정부가 적극적으로 개입해야 한다는 상반된 입장이 있다. 2008년 세계 금융위기가 터지고 2010년 유럽 재정위기가 일어나면서 세계 경제는 7년째 침체기에 빠져 있다. 주요 선진국들은 위기 극복을 위해 제로 금리에 양적 완화, 재정 확대 정책 등 경제정책을 동원했지만, 경제가 썩 좋아진 것은 아니다.

이 때문에 그동안의 정책이 옳았는지, 앞으로 어떤 정책을 써야 할지에 대해 다양한 주장이 나오고 있는데, 이 과정에서 각국의 정책에 대한 이론적 토대를 제공한 경제학자들이 각자의 견해를 놓고 설전을 벌이고 있다.

한때 시장의 자율 기능을 강조한 신자유주의가 풍미한 적도 있었지만 세계 금융위기 이후에는 정부의 적극적인 개입을 주장하는 쪽이 강한 세력을 형성하고 있다. 정부 개입의 강도에 따라 다음의 5가지 주장이 제기되고 있다.

첫째, 재정 · 통화정책을 망라한 총력전—1930년대 대공황 이후 약 70여 년 만에 나타난 최대 경제위기를 극복하기 위해 금리를 내려 돈

을 푸는 통화정책과 정부가 재정을 푸는 재정정책 등 경제정책을 총동원해야 한다는 주장이다. 둘째, 재정정책론—세계 금융위기 이후 경제가 장기 침체에 접어들었기 때문에 양적 완화 등 통화정책은 더 이상 유효한 수단이 아니라는 견해이다. 셋째, 재정긴축론—국가 부채비율이 국내총생산 대비 90%를 넘으면 위험하기 때문에 재정정책은 긴축적으로, 통화정책은 적극적으로 해야 한다는 주장이다. 넷째, 독일식 질서자유주의—통화정책은 적당하게 하고, 재정정책은 긴축적으로 해서 국가부채를 줄여야 한다는 주장이다. 다섯째, 청산주의(신자유주의)—세계 금융위기 이후 각국의 초저금리와 양적 완화, 재정정책이 새로운 버블거품을 형성했을 뿐 근본적인 해결책이 아니기 때문에 시장 자율 기능에 맡겨야 한다고 주장한다.

(2015년 7월)

5.2 최대부하 가격설정

전기, 가스 등 공기업을 통해 제공되는 재화의 경우 시간, 요일, 계절에 따라 그 수요가 변하는 특성을 지니고 있는 경우가 흔히 있다. 이런 재화의 공공요금을 책정하는 방법으로 최대부하 가격설정peak-load pricing 방식이 있다. 이 방식은 최대부하기의 가격을 비부하기의 가격보다 높게 책정해 최대부하기의 수요를 감소시키고 비부하기의 수요를 증가시켜서 설비의 효율적인 이용과 소비자들의 후생 증대를 꾀하는 방식이다.

지난 19일 산업통상자원부는 평균 5.4% 인상안을 담은 전기요금 체계개편 안을 발표했다. 이번 전기요금 인상안의 타깃은 국내전력 소비의 절반 이상을 차지하는 산업용 전기다. 산업계의 지속적인 반발에도 불구하고 지난 1월 4.4% 인상에 이어, 지난 21일부터 추가로 6.4%를 올려 올 한 해 동안 11%를 올린 셈이다. 용도별로는 산업용에 이어 백화점 · 빌딩 등에서 주로 쓰는 일반용 요금이 5.8%, 가로등과 심야전기는 5.4% 인상했다.

주택용은 2.7% 오르고 교육용(초 · 중 · 고 · 대학 등 교육기관)은 동결했다. 월평균 310kwh를 쓰는 도시 가구의 경우 인상 전 4만 8천 820원이던 전기요금이 5만 130원으로 월 1천 310원의 추가 부담이 발생할

것으로 예상된다.

이날 발표한 전기요금 인상안의 요지는 평균 전기요금을 올리되, 시간대별 전기요금에 차등을 두어 피크타임 때 전력 수요를 끌어내리겠다는 것이다. 여름과 겨울철 피크시간대 요금은 대폭 할증하고 그 이외 시간에는 기존보다 할인하는 다양한 '선택형 요금제'를 도입하겠다는 것이다. 지금까지 1~2월 최대 부하가 걸리는 피크타임(오전 10~12시, 오후 5~8시, 오후 10~11시) 요금은 166.7원/kwh이었다.

새 요금제에서는 1~2월 중 전력 수요가 몰리는 10일 내외의 피크일 피크타임 요금을 564.4원/kwh으로 올렸다. 대신 비피크일 비피크타임(오후 11시~오전 9시) 요금을 43.9원으로 기존(63.1원)보다 내린다. 같은 전기를 사용하더라도 시간대에 따라 전기요금이 12.9배 가까이 차이 나는 것이다.

(2013년 11월)

5.3 규제비용총량제

재계가 청와대에 경제민주화정책 등 각종 규제에 대한 불만을 쏟아냈다. 전국경제인연합회는 지난 17일 청와대 경제수석을 초청해 경제정책위원회를 열었다. 한 재계관계자가 기업을 겨냥한 규제가 너무 많다며 정부는 시장 실패를 보완하기 위해서라고 하지만 정부 실패도 만만치 않다는 불만을 토로한 것이다.

규제개혁의 체계를 획기적으로 개선할 수 있는 방안이 영국에서 시행되고 있어 눈길을 끈다. 바로 규제비용총량제One-In, One-Out다. 규제비용총량제는 새로운 규제의 신설 강화로 인해 발생하는 비용에 상응해 기존 규제를 폐지하는 것이다. 이 제도는 두 가지 방식으로 운영한다. 첫째, 소관부처가 규제를 신설하면 이에 상응하는 규제비용을 초래하는 기존 규제를 신속하게 폐지한다는 계획서를 제출하는 것이다. 두 번째는 소관부처가 상시적으로 기존 규제를 개선해 규제개선의 성과를 화폐가치로 미리 저축해 놓고 규제를 신설할 때 발생하는 비용만큼을 지출하는 것이다.

2011년 1월부터 6월까지 영국의 각 부처는 157개의 규제를 신설하려고 했다. 이 가운데 기업에게 부담을 주는 규제가 119개였다. 하지만 One-In, One-Out 제도로 인해 157개 규제 중 70%가 중도에 폐기되

어 최종적으로 46개 규제만 남은 것으로 나타났다. 2011년부터 2013년까지 3년간 총규제비용 감소분도 1조 6천억원에 달하는 것으로 분석됐다. 규제부처들이 규제의 신설을 대비해 상시적으로 규제개혁을 통해 규제비용 축소에 나선 결과이다.

영국 정부는 이러한 성과를 기반으로 올해 1월부터는 One-In, Two-Out 제도로 강화해 운영하고 있다. 이 조치는 새로운 규제를 도입하려면 신규 규제가 초래하는 비용의 두 배에 해당하는 기존 규제비용을 감축해야 한다. 우리나라도 규제비용을 화폐단위로 계량화하고, 규제의 신설과 개혁에 대해 영국식 One-In, One-Out 제도 시행을 고려해야 할 때가 왔다.

(2013년 10월)

5.4 타임오프제

노조전임자의 임금 지급 한도를 제한하는 근로시간면제time off 한도가 지난 14일 관보에 게재됨으로써 오는 7월 1일부터 새로운 노조법 실시와 함께 타임오프제가 시행된다. 타임오프제가 시행되면 노조전임자에 대한 임금 지급이 원칙적으로 금지되고 일정 한도 이내의 노조활동만이 유급처리된다.

타임오프제란 회사 업무가 아닌 노조와 관련된 일을 담당하는 노조전임자에 대한 회사 측의 임금 지급을 금지하고 대신에 노사 공통의 이해가 걸린 활동에 종사한 시간만을 근무시간으로 인정해 이에 대한 임금을 지급하는 제도를 말한다. 즉, 노동조합 전임자에 대한 임금 지급 금지를 원칙으로 하되 노사 간 단체교섭 활동 시간과 고충 처리 활동, 산업재해 처리와 예방활동 등 노무·관리적 성격을 지닌 활동시간을 근무시간으로 인정해 유급 처리해 주는 것을 말한다.

근로면제심의위원회근면위는 타임오프를 노조원 수에 따라 11개 구간으로 세분화했다. 근면위가 지난 1일 의결한 타임오프 한도를 보면 1만 5천 명 이상 사업자의 경우 오는 7월부터 전임자 1인당 연간 2천 시간을 기준으로 최대 24명까지, 2012년 7월부터는 18명으로 유급 전임자를 줄여야 한다.

확정한 대로 타임오프가 되면 노조원이 4만 4천여 명으로 국내 최대인 현대자동차의 전임자는 현재의 217명에서 90% 정도가 줄어든다. 근면위의 타임오프 한도에 대해 대기업 노조가 반발하는 이유다.

타임오프 한도 설정은 세계 어느 나라보다 전임자가 많은 우리 현실에서 노사 선진화를 위한 첫 출발이란 점에서 큰 의미가 있다. 한국의 노조전임자 1명당 조합원 수는 150명이다. 이는 일본(500~600명), 미국(800~1천 명), 유럽연합(1천 500명) 등에 비하면 전임자가 지나치게 많으며 노사분규의 원인이 되고, 기업경쟁력을 떨어뜨리는 주된 요인으로 분석된다.

(2010년 5월)

5.5 가격차별

일반적으로 완전경쟁시장에서는 하나의 상품에 대해서 하나의 가격만이 성립하는 일물일가의 법칙law of one price이 존재한다. 그러나 기업은 시장지배력을 바탕으로 동일한 상품을 그 상품에 대한 기호의 정도가 다른 소비자들에게 각기 다른 가격으로 팔기도 하는데 이것을 '가격차별price discrimination' 이라 한다.

즉, 가격차별이란 생산비용이 1,000원인 상품을 A라는 소비자에는 2,000원을 받지만 B라는 소비자에게는 3,000원을 받고 판매하는 전략을 말한다. 기업이 소비자들에게 가격을 차별하는 이유는 더 많은 이윤을 얻을 수 있기 때문이다.

예를 들어 시장에서 2,000원에 판매되는 우유라도 A라는 소비자는 3,000원이라도 사야겠다고 생각하고 있는 반면에 B라는 소비자는 1,500원 정도면 사겠다는 생각을 하고 있을 때, 기업이 모두에게 똑같이 2,000원에 판매한다면 B는 사지 않을 것이다. 이와는 달리 기업이 소비자를 구별하여 A에게는 3,000원에, B에게는 1,500원에 판매할 수 있다면 기업의 이익은 더 늘어나게 된다.

가격차별의 다른 예로는 성인 요금에 비해 할인된 학생 요금, 자동차의 해외 수출가격이 국내 판매가격보다 낮은 것 등이 있다. 또한 소위

명품 제조 기업들이 아시아 시장에서의 판매가격과 유럽 · 미국 등에서의 판매가격을 다르게 책정하는 것도 좋은 예이다. 아시아 시장은 명품에 대한 선호가 비정상적으로 높기 때문에 가격을 높게 책정하고, 유럽 · 미국 등에서는 상대적으로 낮은 가격을 책정하여 기업의 이익을 극대화하는 것이다.

가격차별이 성립하기 위해서는 다음의 네 가지 조건이 충족되어야 한다. 첫째, 기업이 시장지배력을 가지고 있어야 한다. 둘째, 서로 다른 시장이 쉽게 구분되어야 한다. 셋째, 상이한 시장 사이에 상품의 재판매가 불가능해야 한다. 넷째, 상이한 시장 간에 수요의 가격탄력성이 달라야 한다.

(2007년 6월)

5.6 환경개선부담금

고등어와 삼겹살까지 수난을 겪는 미세먼지 대란이다. 미세먼지의 주원인 중 하나로 지목된 경유차에 대해 논란이 일고 있다. 통계를 보면 휘발유차(980만 대)와 경유차(878만 대)가 대수는 비슷한데 초미세먼지 배출 비중은 휘발유차가 4%, 경유차는 29%이다. 건설 장비, 선박까지 합치면 디젤 엔진의 초미세먼지 배출 비중은 50% 이상이다.

정부는 1992년부터 경유자동차 소유자에게 자신들이 오염시킨 만큼의 복구비용을 부담시키는 제도인 환경개선부담금제도를 시행해 왔다. 배기량이 높을수록, 차령이 높을수록, 인구가 많은 지역에 살수록 부과금액이 많아진다. 그러나 2010년 환경부는 친환경차 보급을 장려하기 위해 배출가스 기준을 만족하는 경유차, 즉 유로 5 · 유로 6 기준을 충족한 신형 디젤차에 한해 매년 환경개선부담금 10～40만원을 면제하는 정책을 시행했다. 이 때문에 국내 신차 판매의 절반 이상이 디젤차이고 지난 10년간 디젤차는 55% 급증해 878만 대에 이르렀다.

하지만 국내 시판 중인 디젤차 19종이 인체에 해로운 오염물질인 질소산화물을 규정보다 1.6～20.8배 초과 배출한 것으로 드러났다. 자동차 제작사들이 실험실 인증 기준만 만족시켰을 뿐, 실제 주행 조건에서는 질소산화물을 내뿜는 디젤차를 팔아왔다는 것이다.

이에 대해 지난 6월 3일 정부가 진통 끝에 '미세먼지 관리 특별대책'을 내놓았다. 노후 경유차 조기 폐치 및 수도권 진입 제한, 경유버스 단계적 대체, 노후 석탄화력발전소 폐지 · 대체 등이다.

이번 대책에서 현행 유지된 신형 디젤차에 대한 환경개선부담금 면제 혜택은 문제가 있어 보인다. 미세먼지 사태는 신형 경유차가 저공해 차량인 줄 알았는데 알고 보니 친환경 가면을 쓴 오염차였다는 사실이 폭로되면서 증폭됐다. 그럼에도 부담금을 계속 면제해 준다는 것은 납득하기 힘들다. 오염 물질을 많이 배출할수록 더 많은 부담금을 물리는 것이 옳은 방향이다.

(2016년 6월)

5.7 물 발자국

물은 우리 생활에 꼭 필요한 핵심 자원이다. 우리는 물을 가정 · 학교 등에서 생존을 위한 식수나 생활용수로 활용하는 한편 경제활동의 필수요소로 사용한다. 그러나 최근 들어 수자원 전반에 대한 우려가 높아지고 있다. 세계 각 국가나 지역별로 심각한 물 부족 현상이 일어나고 있다. 지하수의 과다한 활용, 수질오염 심화 등 환경적 위협도 증가하고 있다. 특히 UN은 우리나라를 물 부족 잠재국가로 지정하고 있다. 향후 기초 자원과 삶의 기본 요소로서의 물에 대한 관심과 우려가 특별히 고조되고 있는 실정인 것이다.

이에 따라 보다 효율적인 수자원 관리에 대한 요구와 함께 물 발자국water footprints 개념이 주목받고 있다. 물 발자국은 세계경제 교역에 따라 수 · 출입되는 재화나 서비스에 물 사용량을 계산해 개별 국가나 지역이 실제적으로 얼마나 많은 물을 소비하고, 얼마나 불평등하게 배분하는지를 파악하는 지표로 활용된다. 즉, 직접 사용하는 물 소비량뿐만 아니라 특정 제품을 사용하는 데 있어서 생산 · 유통 · 소비 전 단계에 걸쳐서 해당 제품을 공급하기 위해 소요하는 물소비량을 모두 합해, 보이지는 않지만 실제로 사용하는 가상수virtual water를 도출하는 것이다.

물 발자국에 따른 우리나라의 평균 가상수 사용량은 한 사람당 1천

629m³로 세계 평균 수준인 1인당 1천 385m³을 넘어서고 있다. 해외 의존도 78.1%에 달해 세계 5위의 가상수 순수입국이다. 이는 우리나라가 결코 물 소비를 효율적으로 하는 국가로 볼 수 없다는 증거이다. 앞으로 보다 적극적으로 물 소비 관리가 필요하다는 사실을 알려주는 지표인 것이다.

세면 · 샤워 등으로 인한 물 소비를 줄일 뿐 아니라 물을 많이 소비하는 제품을 줄이고, 육식이 채식에 비해 상대적으로 높은 물 발자국 지표를 갖고 있는 점을 고려해 식생활의 균형적인 선택도 생각해야 한다. 물을 물 쓰듯이 하는 시대는 지났다. 어느 때보다도 지속 가능한 소비생활이 중요하고 필요한 시대이다.

(2012년 12월)

5.8 청정개발 체제

'청정개발 체제' 또는 'CDM Clean Development Mechanism' 사업은 기후변화협약인 교토의정서에 의거해 수행하는 배출권거래의 한 형태로, 사업단위의 온실가스 감축 실적을 배출권처럼 거래할 수 있도록 만든 제도이다.

CDM 사업을 수행하는 곳은 온실가스 의무감축 대상이 아닌 개발도상국이며, 그로 인한 감축 실적은 감축의무를 지고 있는 선진국으로 거래된다는 점이 다른 배출권 거래와 차별화되는 주요 특징이다. 사업 확장을 원하는 선진국의 기업들은 후진국의 에너지효율이 떨어지는 낡은 산업시설과 발전설비 교체 비용을 부담하거나 산림이 황폐한 지역에 숲을 조성해 탄소배출권을 구매하는 것 등이 그 예이다.

현재의 기후변화 현상이 온실가스를 많이 배출한 선진국에 책임이 있는 만큼, 선진국이 자체적으로 온실가스를 줄이지 않고 이러한 CDM 사업을 통해 간접적으로 온실가스를 줄이는 것에 대해 비판이 있기는 하지만 CDM 사업이 개도국의 지속 가능한 발전에 기여할 수 있다는 점 등으로 인해 긍정적으로 평가받고 있다. 즉, CDM의 주요 목적은 개발도상국의 지속 가능한 개발을 돕는 동시에 선진국의 온실가스 감축의무를 비용이 덜 들게 해 기후변화협약의 궁극적인 목적을 달성하는 데 있다.

CDM 사업을 통해 선진국은 개도국에서보다 적은 비용으로 온실가스를 감축할 수 있는 사업을 찾아내고, 그 결과 발생한 온실가스 감축 실적을 자국의 감축 실적으로 인정받게 된다. 한편 개도국은 선진국의 자본을 유치하거나 기술 이전을 받음으로써 지속 가능한 발전에 기여할 수 있다.

그동안 CDM 사업의 성과를 살펴보면, 2004년 브라질의 발전사업이 처음으로 등록된 이래 올 3월 현재 총 2천 65건의 CDM 사업이 UN에 등록돼 있고, 연간 3억 4천만t의 이산화탄소를 줄일 수 있을 것으로 예측되고 있다. 우리나라는 지금까지 36건의 사업에 참여하고 있다.

(2010년 3월)

5.9 탄소 포인트제

2009년 7월 1일부터 탄소 포인트제가 전면 시행됐다. 탄소 포인트제는 가정 · 상업(건물)에서의 전기, 가스, 수도 등의 절약 실적을 온실가스로 환산해 포인트를 발급하고, 1포인트당 3원 이내의 인센티브를 제공하는 온실가스 감축 실천 프로그램이다.

포인트는 캐쉬백 카드에 적립해 현금처럼 사용할 수도 있고, 아파트관리비로 납부할 수도 있으며, 기타 현금, 교통카드, 주차권, 쓰레기봉투 등으로 받을 수도 있다. 환경부에서는 인센티브 지급 금액의 50%를 국고로 지원할 계획이며, 해당 지자체와 지역주민이 직접 가입해 사용할 수 있는 온라인 운영프로그램을 구축(환경관리공단)해 전국 지자체를 지원할 계획이다.

지난해 지원예산은 10억원이었으며, 올해는 20억원의 예산이 책정될 예정이다. 탄소 포인트의 산정방법은 과거 2년의 기준사용량 대비 현재 확인사용량 절감분에 배출계수를 곱해 포인트로 환산하는 것이다. 배출계수의 경우 전기는 1kwh당 424gCO_2, 수도는 1m^3당 332gCO_2, 도시가스는 1m^3당 2천 780gCO_2이다. 기준사용량은 최근 2년간 해당월의 평균값이고, 포인트 산정은 기준사용량 대비 확인사용량의 절감분에 대해 10gCO_2당 1포인트로 환산하고 1포인트당 3원 이내의 인센티

브를 제공한다. 인센티브의 재원은 국가와 지방자치단체가 반반씩 부담하도록 돼 있다.

부산의 경우 강서구를 비롯해 16개 지자체가 전기와 수도에 대해 탄소 포인트제를 신청했고, 참여 지자체에 거주하는 주민은 누구든지 자율적으로 탄소 포인트제에 참여해 온실가스 감축 노력에 동참할 수 있다.

참여 희망자는 운영프로그램(http//cpoint.or.kr)에 접속해 온라인으로 직접 등록하거나 탄소 포인트제 참여 신청서를 작성해 우편이나 팩스, 전자우편 등으로 해당 시 · 도지사나 시장 · 군수 · 구청장에게 신청할 수 있다.

(2010년 2월)

5.10 탄소배출권 거래제

오는 4월부터 서울시 산하 사업소와 25개 자치구 등 54곳을 대상으로 '탄소배출권 거래제도'가 시범 실시된다. 이는 온실가스 배출 권리를 사고팔 수 있도록 한 제도이다. '탄소배출권 거래제'는 사업장별로 기준 온실가스 배출량을 부여하고, 이 기준을 초과하거나 절약해서 아낀 만큼의 에너지에 해당하는 온실가스 배출권을 거래시장에서 사고팔 수 있게 하는 것이다.

예를 들어 어느 한 기관이 할당된 감축목표보다 이산화탄소(CO_2) 배출량을 100t 더 줄이면 그만큼 더 배출할 수 있는 권리(배출권)를 다른 기관에 파는 식이다. 이 거래는 분기마다 온라인 거래시스템을 통해 가상으로 이뤄지며, 감축목표에 미달한 기관은 부족분만큼 배출권을 다른 기관으로부터 사들여야 한다.

이 제도는 시장의 힘을 빌려 환경오염 문제를 해결하고자 하는 것이다. 이번에 시행하는 탄소배출권 거래제도 사업은 앞으로 온실가스 배출권 거래제도를 본격적으로 도입하기 전에 사전 경험을 축적하고, 자발적인 온실가스 조기감축실적 인정기반을 마련하기 위해서이다. 탄소배출권 거래제를 도입하면 온실가스를 저감하기 위해 투자하는 비용을 최대 60%까지 절약할 수 있다는 연구결과도 나왔다.

또 다른 이점은 첫째, 환경오염 행위자로부터 초래되는 사회적 비용을 지불하게 함으로써 생산자로 하여금 탄소배출을 줄이도록 유인할 수 있다.

둘째, 탄소배출량에 따라 사업장이 지불해야 하는 비용이 높아지기 때문에 오염방지 기술의 개발을 촉진시킬 수 있다. 셋째, 경제적 이익을 창출할 수 있다. 감축 비용이 적은 사업장은 배출권 판매로 일정한 이익을 얻고, 배출 비용이 큰 사업장은 배출권 구매로 이익을 얻어 참여 사업장 모두에게 경제적 도움을 줄 수 있다.

마지막으로는 일자리 창출이다. 탄소배출권 거래를 전문적으로 중개하는 국내외 공인 배출권 거래사와 온실가스 저감기술, 신재생에너지 분야의 일자리 수요가 크게 늘어날 전망이다.

(2010년 2월)

제6장

공공선택의 이론

6.1 관료제의 분석

관료제의 특성에 대해 설명하고 있는 이론들 중 니스카넨 모형, 미그에-벨랑제 모형, 그리고 파킨슨의 법칙에 관해서 살펴보자.

'니스카넨 모형'은 관료들이 예산을 극대화하려고 한다는 기본 가정에서 출발한다. 기업가들의 경우 이윤극대화를 추구하지만 관료들이 직접적으로 이윤을 획득하기는 쉽지 않으므로 예산을 확보함으로써 직책상의 특권, 사회적 명성 및 영향력 등을 얻으려고 한다는 것이다. 물론 이 모형은 완전하지는 않지만, 관료들이 예산확보에 많은 노력을 기울인다는 현실을 설명하는 단순한 모형이라는 점에서 의미가 있다.

'미그에-벨랑제 모형'은, 관료들이 단순히 예산을 극대화하는 것이 아니라 효용을 극대화하며, 이러한 효용은 예산과 직책상의 특권으로부터 나온다고 가정하였다. 이 모형은 관료들이 효용극대화를 추구한다면 '니스카넨 모형'보다는 줄어들겠지만 여전히 공공재의 과다생산이 이루어지고 있다고 주장한다.

'파킨슨의 법칙'은 공무원의 수가 업무의 양과 상관없이 증가한다거나 공무원들이 출세를 위해 부하의 수를 자꾸 늘린다는 것이다. 1914년 영국 해군의 수는 15만 명, 군함 수리창의 관리와 사무원은 3천 2백

명이었다고 한다. 그런데 14년 후인 1928년에는 전쟁이 없어서 해군이 10만 명으로 줄고 군함 수도 줄었지만 수리창 관리와 사무원은 오히려 4천 6백 명으로 늘었다. 즉, 해군의 수는 30% 줄었지만 수리창의 관리와 사무원의 수는 40% 늘어나는 일이 발생했다. 그 이유는 해야 할 업무는 줄어들었는데도 관리들이 자릿수를 늘리기 위해 하지 않아도 될 일을 만들어 사람 수를 늘렸기 때문이다.

파킨슨은 자신의 이론을 통계적으로 분석한 뒤 수식으로 만들었는데, 공무원 조직은 업무의 증감에 관계없이 매년 평균 6% 정도 증가하는 것으로 나타났다.

(2006년 11월)

6.2 투표제에 대한 분석

지난 19일 우리나라는 새로운 대통령을 선출하였다. 근래의 경제학은 그 관심의 범위를 정치의 장까지 확산하였는데, 특히 공공경제학에서는 투표제, 공공선택이론 등을 주로 연구한다.

정치에서의 행동주체인 정당은 시장에서의 기업과 비슷한 역할을 한다. 기업이 시장에서 상품을 소비자에게 판매함으로써 이익을 극대화하듯이, 정당은 일종의 정치적 상품인 정책묶음policy package을 정치의 소비자인 투표자에게 마케팅하며, 선거라는 정치의 시장에서 투표극대화를 통해서 다른 정당들과의 경쟁에서 이김으로써 권력을 획득한다. 이러한 과정이나 제도를 민주주의라고 일컫는다. 정치시장에서의 상품은 정책묶음으로 소비자들에게 제공되기 때문에 개별적으로 분할해서 선택할 수가 없다는 것이 상품시장과의 차이점이다. 즉, 어떤 정책은 민주당의 안이 좋고 어떤 정책은 한나라당의 안이 좋아도 나누어서 선택할 수가 없다는 말이다.

투표제의 방식으로는 전원합의제, 과반수투표제, 보다투표제, 점수투표제 등이 있다. 전원합의제는 전원이 찬성해야 안건이 결정되는 방식이다. 과반수투표제에서는 어떤 안건에 대하여 투표자들의 과반수 찬성이 있으면 그 안건이 채택된다. 다음으로 어떤 안건이나 후보자들

에 대한 순위를 매긴 후 각 순위에 해당하는 점수를 더하여 최종 승자를 결정하는 방식을 보다투표제라고 한다. 대학입시에서 면접고사를 치를 때나 음악경연대회에서 입상자들을 선정할 때 흔히 쓰인다. 마지막으로 점수투표제는 투표자들이 자신의 선호 강도에 따라 안건이나 후보자들에 대해 투표하는 방식이다. 예를 들면 투표자들이 10점의 점수 내에서 안건이나 후보별로 0점을 주던지 10점을 주던지 하는 방식이다. 투표자들이 전략적 행동을 할 여지가 있다는 것이 보다투표제와 점수투표제의 문제점으로 지적된다.

지난 19일 선거에 보다투표제나 점수투표제를 도입하였다면 그 결과가 어떻게 되었을지 궁금하다.

(2002년 12월)

6.3 호텔링 원칙

한 중앙 일간지의 대통령 후보 평가위원회의 분석결과가 보도됐다. 먼저 시장 자율과 정부 개입에 관해 이회창 한나라당 후보는 시장 자율 쪽이고, 노무현 민주당 후보는 정부 개입 쪽인 것으로 나타났다. 공기업 민영화, 재벌에 대한 출자총액 규제 등 7개 경제정책에 대해서 정부 입장을 0으로 하고 극단적인 시장 자율을 1, 극단적인 정부 개입을 -1로 한 지표 분석결과 이 후보는 0.428, 노 후보는 -0.428로 조사되었다.

효율과 형평에 관계된 성장과 분배 인식, 주 5일 근무제, 법인세율 인하 등 7개 문항에 대한 분석결과 이 후보는 효율 중시, 노 후보는 형평 중시의 입장인 것으로 나타났다. 극단적인 효율 중시를 1, 극단적인 형평 중시를 -1로 했을 때, 이 후보는 0.286, 노 후보는 -0.5로 밝혀졌다.

이처럼 일직선 위에 자신의 견해를 표시하는 방법을 사용하는 이론 중에 호텔링 원칙Hotelling principle이 있는데, 그 내용은 다음과 같다.

일직선 위의 제일 왼쪽에 극단적으로 진보적인 유권자를 나타내고, 제일 오른쪽에 가장 보수적인 유권자를 표시한다. 진보당의 강령은 중앙에서 왼쪽, 보수당의 강령은 중앙에서 오른쪽에 있으며, 유권자들의 분포는 중앙을 기준으로 종모양으로 주어졌다고 가정한다. 유권자들은 자신의 위치와 정당 간의 거리를 측정하여 그 거리가 짧은 정당을 지지

한다고 가정한다. 중앙으로부터 멀어진 거리가 똑같은 왼쪽, 오른쪽에 두 정당이 위치하게 되면, 양당은 각각 절반의 지지를 얻게 된다. 만약 진보당이 조금 오른쪽으로 옮기면 더 많은 표를 얻게 되며, 이는 보수당이 약간 왼쪽으로 옮겨도 마찬가지이다. 따라서 더 많은 유권자들의 지지를 얻기 위해서 두 정당은 중앙으로 이동하게 되며, 정중앙의 위치를 먼저 차지하는 정당이 선거에서 이기게 된다. 즉, 양당제 하에서는 두 정당의 강령이 서로 비슷하게 된다는 것이 호텔링 원칙이다.

이 원칙이 성립되기 위해서는 몇 가지의 전제조건이 필요하지만, 두 후보 간의 강령이 얼마나 비슷해지는지 지켜보는 것도 재미있을 듯하다.

(2002년 6월)

제 7 장

보험시장

7.1 정책성 보험

요즈음 일기예보만큼 사람들의 관심사항인 미세먼지에 대한 보험은 아직 없다. 미세먼지 보험은 만들기도 까다로운 데다 위험률도 산정하기 어려워 국내 보험사들은 상품 개발에 미온적이다. 즉, 미세먼지 보험 가입자가 폐질환에 걸려 보험금을 청구할 경우 그 원인이 유전적인 요인이나 생활습관 때문인지, 미세먼지 때문인지 가려내기가 쉽지 않다는 것이다.

또한 전동휠체어 보험도 상품화되려면 주의가 필요하다. 전동휠체어 보험은 장애인들이 전동휠체어를 타고 울퉁불퉁한 인도를 이용하다 사고를 당하였을 경우 피해보상을 받기 위한 것인데, 정부가 일부 또는 전액의 보험금을 부담하려면 도덕적 해이가 불가피하기 때문에 세밀한 검토가 필요하다.

이처럼 앞날에 일어날 수 있는 모든 가능성을 사전에 예측하고 이에 대한 완벽한 보험을 준비하는 것은 도덕적 해이와 역선택 때문에 어렵다. 도덕적 해이는 일단 완벽한 보험에 가입한 사람은 나쁜 결과를 미연에 방지하려는 노력을 하지 않는다는 것을 뜻하고, 역선택은 실제로 보험금을 탈 가능성이 큰 사람들이 주로 보험에 가입하게 되는 현상이다.

한편 대구 · 여수에서 일어난 전통시장 화재, 경주 지진 등 대규모

재해를 기존 보험상품으로 보상하기 어렵다는 지적이 나오면서, 정책성 보험으로 보험 사각지대를 보장해야 한다는 주장이 커지고 있다. 정책성 보험은 정부 주도 하에 개발된 보험상품으로, 정부가 가입자의 보험료를 절반 이상 지원한다. 이와 같은 지원은 정부 정책을 실현하기 위해 해당 상품 가입률을 높이거나, 손해율이 커서 상품 개발 및 인수를 꺼려하는 보험사의 참여를 독려하기 위해서다.

현재 정책성 보험으로는 풍수해보험을 비롯해 농작물재해보험, 자전거보험, 4대악보험, 메르스 안심보험 등 20여 개가 있지만 지금까지의 실적은 매우 저조하다. 대규모 재해를 위해 새로 개발되는 정책성 보험은 정부 정책 홍보를 위한 졸속 상품이 아니라 실제로 요긴할 때 도움이 되는 상품이 되어야 할 것이다.

(2017년 5월)

7.2 차량 모델 등급

보험개발원은 내년도 자차보험료 책정 기준이 되는 차량 모델 등급이 조정돼 전체 238개 모델 가운데 117개 모델의 등급이 변경되었다고(개선 60개, 악화 57개) 최근 밝혔다. 국산차는 194개 조정대상 중 개선 42개, 악화 53개, 유지 99개이고, 외산차는 44개 조정대상 중 개선 18개, 악화 4개, 유지 22개로 나타났다.

차량 모델 등급은 사고가 발생했을 때 차종별로 손상 정도나 수리 용이성, 부품가격, 손해율 등을 따져 등급화한 것으로 보험료 책정의 기준이 된다. 차량 모델별 보험료 차등화는 차량 모델의 위험도(손상성 · 수리성 정도) 차이를 보험료에 합리적으로 반영하여 보험가입자 간 보험료 부담의 형평성을 제고하기 위해 2007년 4월부터 시행되었다. 2016

차량 모델 등급 이동 현황

구분	국산차	외산차	합계
2등급 개선	4	7	11
1등급 개선	38	11	49
유지	99	22	121
1등급 악화	28	2	30
2등급 악화	25	2	27
합계	194	44	238

년 1월부터 적용될 등급의 결과는 앞의 표와 같다. 관련 정보는 보험개발원 홈페이지(www.kidi.or.kr)에서 조회할 수 있다.

조정 결과 국산차는 194개 모델 가운데 53개의 보험료가 인상되고 42개는 인하된다. 국산차 중 2등급이 개선된 모델은 올뉴카니발 · K5 · 투싼 ix · 쏘렌토 R 등이다. 반면 2등급이 악화되어 보험료가 10% 인상될 모델은 K3 · 아베오 · 트랙스 · 리갈 · 말리부 · 뉴SM5 · 뉴그랜저XG · 오피러스 · 뉴체어맨 · 뉴체어맨(리무진) · 쏘렌토 · 카니발리무진 · 카렌스 II · X-TREK · 올뉴카렌스 · 올뉴쏘렌토 · 렉스턴 II · 윈스톰 · 올란도 · 캡티바 · 싼타페 · 테라칸 · 맥스크루즈 등이다.

외제차는 44개 모델 중 4개의 보험료가 비싸지고 18개는 싸진다. 외제차 중 2등급 개선된 차는 BMW Xseries · 벤츠 C클래스 · S클래스 · 폭스바겐 티구안 · 니산 · 렉서스 · 크라이슬러 일부 모델 이다. 반면 2등급 악화된 모델은 재규어와 BMW 일부 모델이다.

(2015년 12월)

7.3 수입차

지난해 연간 판매량이 15만 대를 돌파(15만 6천 497대)하는 등 수입차 시장이 급팽창하면서 지역별 특색이 뚜렷하다. 2010～2013년 개인이 구매해 국토교통부에 등록한 수입차 중 상위 100개 모델의 판매량을 분석해 17개 시 · 도별 수입차 브랜드 점유율을 살펴본 결과, '서울, 인천은 폭스바겐, 울산, 전남은 BMW, 강원은 아우디, 부산은 메르세데스 벤츠' 가 높은 비중을 차지했다.

BMW, 폭스바겐, 메르세데스벤츠, 아우디 등 독일차 4대 브랜드의 점유율이 2010년 49.9%에서 2013년 65.7%로 올랐다.

반면 같은 기간 도요타, 혼다, 닛산, 렉서스, 인피니티 등 일본차 5대 브랜드 점유율은 32.4%에서 17.0%로 하락했다. 포드, 링컨, 크라이슬러, 지프 등 미국차 4개 브랜드 점유율은 6.3%에서 8.4%로 소폭 상승했다. 수입차의 보험료를 살펴보면 보험회사마다 차이가 있고 차량가액이나 보험가입자의 이력에 따라 달라지기는 하지만 삼성화재 다이렉트에서 운전자의 나이, 무사고 경력, 대물 1억원, 대인 무한, 무보험차상해 2억원 등 동일 조건으로 견적을 낸 결과는 다음 표와 같다.

다음 표에 의하면 볼보는 보험료가 싸고 폭스바겐은 비싸며 같은 아우디라도 브랜드 별로 보험료에 차이가 있다. 동일 차종의 동일 조건으

모델명	보험차량가액	보험료
폭스바겐 골프1.6TDI	30,400,000	794,520
토요타 캠리	33,500,000	692,070
BMW 320D	47,600,000	859,170
볼보 S80 D5	54,800,000	483,670
벤츠 E CGI 블루이피션시	57,100,000	819,620
아우디 A6 2.0TDI	58,500,000	1,114,520
아우디 A8 4.2TDI	143,200,000	1,656,340
BMW 740Li	146,400,000	1,128,750
재규어 XJ 3.0SC	147,700,000	1,492,350

로 보험료를 할인받을 수 있는 방법은 다이렉트 상품으로 가입하면 평균 15% 정도 할인이 되고 무사고 할인, ABS 할인, 에어백 할인, 이모빌라이져 할인, 블랙박스 할인, 주행거리 할인 등으로 추가 할인을 받을 수 있다.

(2014년 5월)

제8장

시장조작이론

8.1 락인 효과

국내 이동통신 3사 간 경쟁 패러다임이 '번호이동을 통한 신규 가입자 유치'에서 '유무선 결합상품 가입자 확보'로 빠르게 이동하고 있다. 통신사 입장에서는 소비자에게 이동통신, 초고속인터넷, 그리고 IP TV 상품을 패키지로 같이 판매해야 해당 고객을 자사에 단단히 묶어둘 수 있다.

한국통신사업자연합회KTOA 집계에 따르면 하루 평균 모바일 번호이동은 2013년 2만 5천 38건, 지난해 1~9월 2만 1천 749건을 각각 기록했다. 그러나 지난해 10월 단통법 시행 이후 일평균 번호이동은 1만 5천 808건으로 급감했다. 반면 결합상품 가입자 수는 2012년 612만 명에서 지난해 638만 명으로 꾸준히 늘고 있다.

이동통신사들이 결합상품 가입자 유치에 집중하는 가장 큰 이유 중 하나는 '락인lock-in 효과'가 뛰어나기 때문이다. '락인 효과'는 특정 회사에 소비자를 묶어두는 것을 의미한다. 예컨대 이동통신 상품 하나에만 가입한 고객은 언제든 이동통신사를 쉽게 바꿀 수 있다. 하지만 이 고객이 유선통신(초고속인터넷), IP TV(인터넷 TV) 상품까지 포함된 패키지 상품에 가입했다면 문제는 달라진다. IP TV만 해도 가입 업체를 바꾸려면 설치기사가 집에 방문해 셋톱박스 교체작업을 해야 하는

데, 이동통신 3사가 제공하는 서비스의 내용이 대동소이한데, 번거롭게 셋톱박스를 교체까지 하면서 업체를 옮기는 소비자는 많지 않기 때문이다.

'락인 효과'란 기존의 제품 및 서비스보다 더 뛰어난 것이 나와도 이미 투자된 비용이나 기회비용, 혹은 복잡함이나 귀찮음으로 인해 타 제품 및 서비스로 옮겨가지 못하게 되는 것을 말한다. 즉, 전환비용 switching costs으로 인해 새로운 서비스나 기술이 출현해도 현재 사용하는 기술과 서비스를 계속 사용할 수밖에 없는 상황을 가리키는 말이다. 고착화효과 또는 자물쇠효과라고도 한다.

(2015년 6월)

8.2 독점

우리나라 공정거래법은 한 산업에서 어떤 회사의 시장점유율이 50%를 넘거나, 상위 3개사의 시장점유율이 75% 이상인 경우에 해당 회사를 '시장지배적 사업자'로 지정, 다양한 규제를 할 수 있다. 즉, 시장지배적 사업자가 상품 또는 서비스의 가격을 부당하게 결정하거나 변경하는 행위, 새로 시장에 참여하려는 기업을 부당하게 방해하는 행위 등을 하지 못하도록 규제를 하는 것이다. 이는 어느 하나의 기업이 시장을 지배하게 되면 지나치게 높은 가격을 매기는 등의 영향력을 행사할 가능성이 있기 때문이다.

독점monopoly 또는 독점시장이란 한 재화나 서비스의 공급이 단일 기업에 의해 이루어지는 시장조직을 말한다. 이 단일기업을 독점기업이라 하고, 독점기업이 공급하는 재화나 서비스를 독점상품이라 한다. 우편서비스를 제공하는 우체국, 전력을 생산하는 한전, 담배와 인삼을 생산하는 담배인삼공사 등이 우리나라 대표적인 독점기업이다.

독점기업의 공급량은 그 상품에 대한 시장의 총 공급량과 일치하고, 독점기업은 기업이 시장가격에 영향을 미칠 수 있는 힘인 시장지배력을 가지고 있다. 독점은 경쟁 상대기업으로부터 도전을 받지 않는 특징이 있다.

독점은 그 시장에 다른 기업들이 진입하지 못하게 하는 진입장벽이 있다는 것인데, 독점이 생기는 원인은 다음의 네 가지로 분류된다.

첫째, 생산량이 증가할수록 평균비용이 감소하는 규모의 경제 때문이다. 이럴 경우 단일기업이 생산하는 것이 여러 기업이 생산하는 것보다 비용이 더 적게 든다. 둘째, 정부가 특허권 · 판권 등을 한 기업에게만 내줌으로써 법적으로 독점 지위를 누리게 되는 경우이다. 셋째, 정부가 특수한 목적을 위해 직접 독점력을 행사하는 경우이다. 넷째, 독점기업이 새로운 기업이 시장에 진입하지 못하도록 여러 가지 전략을 구사하는 경우이다.

(2008년 9월)

8.3 과점시장

생산물시장은 크게 완전경쟁시장과 불완전경쟁시장으로 나뉜다. 완전경쟁시장이란 수많은 가계와 기업이 주어진 시장가격 하에 동질의 상품을 자유롭게 사고파는 시장으로, 누구나 자유롭게 들어올 수도 있고 나갈 수도 있는 이상적인 시장 형태를 말한다.

이런 완전경쟁시장의 특징 중 적어도 한 가지 이상을 만족하지 못하는 시장을 불완전경쟁시장이라 한다. 불완전경쟁시장에는 독점, 독점적 경쟁, 과점 등이 있다.

과점시장oligopolistic market은 완전경쟁시장과 독점시장의 중간적 형태로 소수의 대기업에 의해 지배되는 시장이다. 공급자가 오직 하나인 시장을 독점시장이라고 부르는 반면, 둘 이상 그러나 아주 많지도 않은 수의 공급자가 존재하는 시장을 과점시장이라고 부른다. 특수하게 단 두 개의 기업만이 존재하는 경우를 복점이라 한다. 한 과점시장에서 거래되는 상품의 질이 동일하면 순수 과점이라 하고 상품의 질에 약간씩 차이가 있는 경우는 차별화된 과점이라 한다.

우리나라의 경우 대부분의 산업이 과점의 형태를 띠고 있다. 그 보기로는 가전제품, 자동차, 휴대전화, 가구, 맥주, 라면, 껌 등 수 없이 많다.

과점은 다음의 몇 가지 특징을 갖는다. 첫째, 기업 간의 밀접한 상호의존관계다. 즉, 기업들은 가격이나 생산량을 결정할 때 다른 기업들의 반응을 고려해야 한다는 것이다. 둘째, 치열한 비가격경쟁과 가격의 경직성을 들 수 있다. 기업들은 가급적 가격경쟁을 피하고 광고나 상품 차별화 등 비가격경쟁에 의존하려 한 결과 가격은 자주 바뀌지 않는 현상을 보인다. 셋째, 기업들이 담합과 같은 비경쟁행위를 하려는 경향이 있는데 카르텔이나 기업합동 등도 그 예이다. 넷째, 독점과 같이 완벽하지는 않지만 새로운 기업의 진입에 상당한 장벽이 존재한다.

(2007년 9월)

8.4 죄수의 딜레마

한 민간 연구소가 '대형 국책사업의 시행착오와 교훈'이라는 보고서를 통해 대표적인 국책사업들이 '죄수의 딜레마prisoner's dilemma' 상황과 유사해 사업 목표를 달성하기가 힘들다고 평가했다. 정부가 이해당사자들의 반대로 이러지도 저러지도 못하는 '죄수의 딜레마'에 빠져 사업 목표를 달성하기 힘들어졌다는 것이다. 경부고속철 등 대형 국책사업들이 정부의 졸속 추진과 이해당사자들의 반대로 공사비용이 당초 계획에 비해 3배 이상 늘어났다는 분석이다.

게임이론game theory은 각자의 행위가 자기 이해관계뿐 아니라 상대방의 이해관계에도 영향을 끼치는 상황에서 서로 어떤 전략을 세워 행동하는가를 연구하는 이론이다. 죄수의 딜레마 또는 공범자의 딜레마prisoner's dilemma는 다음과 같은 내용이다.

두 사람이 작당하여 물건을 훔친 죄로 투옥되었다. 검찰은 이 두 사람을 다른 미제사건의 공동범인으로 지목하고 있다. 검사가 두 용의자를 따로 불러 다음과 같이 제의한다고 하자. "이 미제사건의 범인이라고 둘 다 순순히 자백하면 비교적 가벼운 형벌인 징역 2년을 구형하겠다. 만약 한 사람은 순순히 자백하는데 다른 사람은 범행을 부인하면 자백한 사람은 방면하고 부인한 사람에게는 징역 10년을 구형하겠다. 둘

다 범행을 부인하면 둘 다 절도죄만 걸어 징역 6개월을 구형하겠다." 이 경우 두 용의자는 어떻게 하겠는가? 두 용의자가 모두 범행을 부인하면 둘 다 이익을 본다. 그러나 자기만 부인하고 공범이 자백하면 자기만 중형을 받는 딜레마에 빠지게 된다.

이 게임에서 최적의 전략은 두 용의자가 자백하는 것이다. 둘 다 자백하는 전략이 최적인 것은 자백한다는 상대방의 전략이 주어져 있을 때 나로서도 자백하는 것이 최선이기 때문이다. 상대방이 부인하는 전략을 펼칠 때도 내가 자백하는 것이 당연히 유리하다.

(2005년 2월)

제9장

기타

9.1 혼합경제

경제체제economic system는 경제문제를 해결하는 경제주체가 누구인가에 따라 시장경제market economy 체제와 계획경제planned economy 체제로 나뉜다. 모든 경제문제를 가계와 기업이 해결하면 시장경제 체제, 정부가 해결하면 계획경제 체제라고 한다. 하지만 현대 경제에서 순수시장경제 체제와 순수계획경제 체제만을 고집하고 있는 나라는 더 이상 존재하지 않는다.

세계 모든 국가는 두 경제체제를 혼용하는 '혼합경제mixed economy 체제'를 운용하고 있다. 우리나라는 시장경제 체제를 근간으로 하고 계획경제 체제 요소를 가미하는 형태의 혼합경제 체제이다. 즉, 우리나라는 기본적으로 경제문제는 시장에서 해결되도록 하되 문제가 생기면 정부가 시장에 개입한다. 시장의 가격기구가 원활히 작동하지 않으면, 즉 시장에서 자원배분이 효율적으로 이뤄지지 않으면 시장의 실패market failure가 발생했다고 한다. 이때 정부가 적절히 시장에 개입한다면 시장의 실패로부터 야기되는 비효율성을 해소할 수 있다.

하지만 시장실패를 치유하기 위해 정부가 시장에 개입한다고 해서 반드시 상황이 나아지는 것은 아니다. 시장실패는 정부 개입의 필요조건이지 충분조건은 아니라는 것이다. 정부가 효율성 제고를 목적으로

시장에 개입했으나 오히려 국민의 후생을 감소시키는 결과를 가져오게 되는 현상을 '정부의 실패government Failure' 라고 한다.

정부의 실패가 나타났거나 앞으로 나타날 여지가 있는 사태들이 최근 많이 일어나고 있다. '단말기 유통구조 개선법단통법', '사내유보금 과세', '싱글세' 등이 그 예이다. 서울시교육청의 '유치원 원아 군별 모집제'와 '6개 자사고에 대한 지정 취소'도 성급한 시장개입의 결과라 볼 수도 있다.

이 밖에 '9시 등교'나 '전면 무상급식' 같은 문제도 정부가 섣불리 개입하려 했다가는 오히려 더 결과가 나빠지는 정부의 실패가 나타날 수도 있다.

(2014년 12월)

9.2 연봉과 재산

경제학에서는 수량을 나타내는 개념으로 '유량flow'과 '저량stock'이 있다. 두 개념의 차이를 신문기사로 살펴보면 다음과 같다.

첫 번째 기사이다. "지난 4월 9일 국회 정무위원회는 법안심사소위원회를 열어 연봉 5억원 이상 등기이사의 연봉을 공개하도록 하는 '자본시장과 금융투자업에 관한 법률자본시장법'을 통과시켰다. 이르면 내년도 사업보고서부터 상장회사들은 경영진 연봉을 임원별로 개별 공시해야 한다. 연봉 개별공시 대상 임원은 대표이사, 사장 등으로 구성된 최고위급 임원, 즉 등기이사만을 말한다."

두 번째 기사는 다음과 같다. "직장인이 생각하는 부자의 기준은 재산 135억원인 것으로 나타났다. 지난 4월 29일 취업 포털 잡코리아와 청림출판은, 직장인 662명을 대상으로 설문조사한 결과 직장인이 부자의 기준으로 생각하는 재산보유 액수는 평균 135억원으로 조사됐다고 밝혔다. 직장인들은 부자가 되는 가장 빠른 방법으로 '재산 상속'(32.8%)을 꼽았다. 이어 '자기 사업 또는 창업해서 큰 돈을 만져야 한다'(18%), '티끌 모아 태산, 적은 돈부터 꾸준히 모아야 한다'(16.2%), '재테크에 관심을 두고 투자해야 한다'(15.7%), '복권당첨 등 행운이 따라야 한다'(9.8%)는 응답이 뒤를 이었다."

첫 번째 기사에서 나타났듯이 유량은 특정 기간을 밝혀서 표시하는 수량을 뜻한다. 예를 들어 연봉이나 월급 등이 보기이다. 연봉은 1년을, 월급은 한 달의 기간을 밝혀서 표시한다. 즉, 수입이 5천만원이라고 기간을 밝히지 않고 이야기하면 그 뜻이 명확하지 않다. 하지만 기간을 표시해 월소득이 5천만원이면 고소득자일 것이고, 연소득이 5천만원이면 중산층에 속할 것이다.

이와는 달리 어느 특정 시점을 밝혀서 표시하는 수량을 저량이라고 한다. 저량은 재산이나 부처럼 일정 시점에 축적되어 있는 자산액을 뜻한다. 두 번째 기사처럼 "올 4월 29일 현재 부자의 기준은 135억원이다" 는 말은 저량을 나타낸다.

(2013년 4월)

9.3 매몰비용

경제학에 '매몰비용sunk cost'이란 용어가 있다. 이미 지출했기 때문에 회수가 불가능한 비용을 말한다. 물건이 깊은 물속에 가라앉아 버리면 다시 건질 수 없듯이 과거 속으로 가라앉아 버려 다시 쓸 수 없는 비용이라는 뜻을 담고 있다. 이 비용은 이미 지출했기 때문에 합리적인 선택을 할 때 고려해서는 안 되는 비용이다.

매몰비용은 다시 돌려받을 수 없으므로, 연연해하지 말고 새로운 가능성을 찾는 것이 현명하다. 어떤 선택을 해도 단 1원도 회수할 수 없으므로 합리적인 의사결정을 위해서는 아예 무시해 버리는 것이 상책이다. 과거는 과거로 묻어 버리는 과감한 태도가 필요하다는 뜻이다.

우리 속담에 나오는 "이미 엎질러진 물"이 바로 매몰비용이다. 주식투자에서 일정 부분 투자 손실이 발생하면 '손절매'라 하여 손실을 매몰비용 처리하여 주식을 내다 파는 것이 현명하다는 것이다. 지금 현재 우리나라 현실에서 이런 매몰비용과 관련한 대표적인 예는 북한에 대한 햇볕정책과 대운하 사업이 있다.

지난 2000년 6월, 4억 5천만 달러를 지불하고 6 · 15 남북 공동선언을 체결했다. 이에 따른 김정일의 답방 대신에 연평해전과 1 · 2차 핵실험을 저지른 북한에 대해 햇볕정책은 과감히 매몰비용 처리하는 것이

옳다.

또한 초미의 관심사가 되고 있는 4대강 사업도 매몰비용 개념을 도입하면 문제가 달라진다. 지금 당장은 대운하를 포기한다고 하지만, 일단 방수로를 파놓고 나서 운하 확장 계획을 세우면 4대강 사업비는 매몰비용이 된다.

사업 타당성을 검토할 때 매몰비용은 이미 써버린 돈이기 때문에 따지지 않는다. 4대강 사업에 1조원이 이미 들어간 상태에서 운하에 추가로 2조원이 든다면 운하 사업비는 3조원이 아니라 2조원이다. 4대강 살리기가 운하 건설을 염두에 둔 매몰비용이 될 것인지는 두고 봐야 알 것 같다.

(2009년 7월)

9.4 보이지 않는 손

전군표 국세청장 사건이나 정윤재 전 청와대 비서관 사건을 보도한 언론을 보면 실상 그 뒤에 '보이지 않는 손'이 있는 것 아닌가 하는 의혹을 품게 된다.

'보이지 않는 손invisible hand'은 영국 경제학자 아담 스미스가 사용한 경제학 용어다. 가을이 오면 단풍이 들고, 봄이 오면 새싹이 돋아나는 등의 오묘한 자연현상을 조물주가 이끌듯이 경제현상에도 이와 같은 신비로운 일들이 있다.

시장으로 상품들이 흘러 들어오고 나가는 모습은 마치 누가 시킨 것처럼 질서정연하다. 또 귀한 물건의 값은 비싸고 흔한 물건의 값은 싼 것을 보면, 누군가의 세심한 계획에 의해 그렇게 결정된 듯한 느낌마저 든다. 상품을 이곳에서 저곳으로 옮겨 주고, 가격을 올리기도 내리기도 하는 시장의 기능을 '보이지 않는 손'에 비유한 것이다.

시장에서 경제활동을 하는 사람들은 오직 자신의 이익을 생각할 뿐, 남에게 이득을 주어야 한다는 생각을 하지 않는다. 농민을 위해 쌀을 사는 사람은 없으며, 헐벗은 이웃을 위해 옷을 만들어 파는 사람도 없다.

그렇지만 모두가 자신의 이익을 추구한다 해서 혼란과 갈등이 계속될 것을 염려할 필요는 없다. 시장은 이렇게 얼핏 엉성해 보이는 상황에

서도 질서와 조화를 이루어내고 있기 때문이다. 사사로운 이익을 추구하는 행위가 시장의 '보이지 않는 손'을 통해 여러 사람에게 이로운 결과로 이어지게 된다.

즉, '보이지 않는 손'이란 전지전능한 신이나 정부의 개입 없이 자기 이익을 추구하는 경제주체들에게 그냥 맡겨 두어도 가격기구를 통해 효율적인 자원배분이 자동적으로 이루어지는 현상을 뜻한다.

(2007년 11월)

9.5 개인과 가구

우리나라 토지 소유의 편중 실태 발표를 보면 재미있는 내용이 있다. 토지 소유 현황을 개인 단위로 보면, 전체 인구의 28.7%만이 토지를 소유하고 있다는 것이다. 이를 다시 가구 단위로 하면 전체 1천 777만 가구 중 1천 57만 가구가 토지를 보유하여 전체 가구의 57.4%가 토지를 보유하고 있는 것으로 나타난다. 이는 토지 소유 현황을 나타낼 때는 개인별로 하느냐 가구별로 하느냐에 따라 그 결과가 상당히 달라진다는 것을 보여준다. 이처럼 가구별이 아니라 단순히 인구 수로 따지면 심지어 젖먹이까지 전체 인구에 포함되기 때문에 토지 소유 집중 현상이 실제보다 심각한 것으로 나타난다는 것이다.

소득이나 부의 주체를 누구로 하느냐에 따라 부의 공평도 또는 불평등도는 크게 달라질 수 있다. 소득의 주체는 개인, 가족, 가구로 구분되는데, 개인보다는 가족이, 가족보다는 가구가 더 넓은 개념이라는 것은 주지하는 바와 같다.

토지 소유의 편중 실태를 알아보기 위한 조사에서 개인을 주체로 하면 전체 인구 중 토지 보유자 비율은 28.7%로 인구 10명 중 7명 이상은 땅을 한 평도 갖고 있지 않다는 결과가 나온다. 젖먹이를 포함한 미성년 자녀도 다 포함된 전체 인구 중에서 토지를 보유한 사람 비율을 계산하

기 때문이다. 하지만 개인이 아니라 가구를 주체로 조사하면 똑같은 자료에서도 그 결과는 달라진다. 즉, 부모와 모든 자녀로 이루어진 가구별로 조사하면 10가구 중 6가구 정도는 토지를 보유하고 있는 것으로 나타난다.

일반적으로 소득이나 자산 등의 공평도를 조사할 때, 가구단위로 계산하는 것이 불평등이 작게 된다.

(2005년 8월)

9.6 규범경제학

강남 아파트 가격 폭등으로 촉발된 재산세 개편안은 불공평과세의 개선이 목적이다. 그 근본 취지는 좋지만 여기에도 해결해야 할 문제들이 몇 가지 있다. 가장 중요한 문제는 재산세를 인상하는데 얼마나 인상할 것인가 하는 문제이다.

예를 들어 서울 강남구 대치동 삼성아파트 38평형(시세 8억 5천만원~9억 5천만원)은 올해 재산세가 12만 6천원인데, 내년에는 92만 6천원으로 인상된다고 한다. 이는 과연 적절한가에 대해 생각해 볼 필요가 있다. 너무 많이 올린다는 주장이 있을 수도 있고 더 올려야 된다는 주장이 있을 수 있다. 이와 같은 문제에는 딱히 정해진 답이 있는 것이 아니고 정부의 가치판단에 의존하게 된다.

이처럼 상속세 세율을 더 높여야 한다든지 근로소득세 세율을 더 낮추어야 한다든지 하는 것 등의 문제를 경제학의 분류상 규범경제학 normative economics이라고 한다.

경제학은 가치판단의 유무에 따라 규범경제학과 실증경제학으로 나눌 수 있다. 바람직하다, 바람직하지 않다 등의 가치판단이 개입되면 규범경제학이라 하는 반면, 있는 사실 그대로이거나 과학적으로 증명해 보일 수 있는 분야를 다루는 것을 실증경제학positive economics이라 한다.

규범경제학은 바람직한 상태를 설정하고 그 상태에 도달하기 위해서는 어떻게 해야 하는가를 다루는 경제학이다.

하지만 바람직한 경제 상태는 사회적 · 정치적 · 윤리적 · 시대적 상황에 따라 달라질 수 있다. 실증경제학은 경제현상을 있는 사실 그대로 분석하고, 존재하는 법칙을 발견하여 경제현상의 변화를 예측하는 분야이다. 수요가 증가하면 가격이 상승한다는 것처럼 우리가 흔히 말하는 경제학은 이 실증경제학을 뜻한다.

(2003년 12월)

제2부

거시경제 살펴보기

제 1 장

거시경제지표

1.1 과실물가지수

지난해 말부터 귤 · 사과 · 포도 등 과일 가격이 계속 오르며 과실물가지수가 4년 만에 최고 수준으로 치솟았다. 통계청에 따르면 올해 5월의 과실물가지수는 118.15로 2013년 5월(118.189) 이후 가장 높았다. 과실물가지수는 사과 · 배 · 복숭아 · 포도 · 밤 · 감 · 귤 · 오렌지 · 참외 · 수박 · 딸기 · 바나나 · 키위 · 블루베리 · 아몬드 등 소비자들이 자주 사 먹는 과일 15개 품목의 물가를 바탕으로 계산된다.

2015년 가격을 100으로 놓고 값을 산출한다. 지난해 12월 101.60으로 오른 뒤 매달 오르고 있다. 상승률은 지난해 11월(2.6%)부터 올해 1월(9.3%)까지 한 자릿수였다가 3월 15.3%, 4월 15.7%, 5월 19.1%로 3개월 연속 두 자릿수를 기록했다.

과실물가의 7개월 연속 상승은 2013년 1월 이후 4년 4개월 만에 처음이다. 과일값이 지난해 말부터 크게 오른 이유는 지난해 폭염 탓에 작황이 부진했기 때문이다. 특정 품목이 아니라 여러 품목의 물가가 동시에 뛰었다. 귤이 3～5월 각각 106.2% 상승률을 기록하며 전년보다 2배 이상 가격이 뛰었고, 감도 올해 들어 매달 20% 안팎의 상승률을 보였다. 포도도 올 초인 1월 12.6%, 2월 14.0% 상승률로 가격이 올랐다. 이른 더위 때문에 5월 들어 수박과 참외도 각각 17.1%, 10.5% 가격이

상승했다.

한편 소비자물가지수는 가구에서 일상생활을 영위하기 위해 구입하는 상품과 서비스의 평균적인 가격변동을 측정한 지수이다. 상품 및 서비스 460개 품목을 대상으로 하며 2015년을 기준연도로 한다.

그 중 체감물가를 설명하기 위해 구입 빈도가 높고 지출비중이 높아 가격변동을 민감하게 느끼는 141개 품목을 대상으로 작성한 지수를 생활물가지수라 한다. 또한 밥상물가라고도 하는 신선식품지수는 신선어개(조기, 갈치, 명태, 고등어, 게, 조개, 오징어 등 생선과 조개류 등 10개 품목), 신선채소(26개 품목), 신선과실(14개 품목) 등 기상조건이나 계절에 따라 가격변동이 큰 50개 품목으로 작성한 지수다.

(2017년 7월)

1.2 출산율 하락

한국의 출산율이 세계 최하위 수준이라는 보고서가 발간됐다. 지난 20일 발표된 '월드팩트북The World Factbook' 에 따르면, 지난해 한국의 합계출산율(가임여성 1명이 평생 낳을 것으로 예상하는 평균 출생아 수)은 1.25명으로 전 세계 224개국 가운데 220위를 기록했다. 경제협력개발기구OECD 35개 회원국 중에서는 꼴찌였고 전 세계에서 합계출산율이 한국보다 낮은 나라는 싱가포르(0.82명), 마카오(0.94명), 대만(1.12명), 홍콩(1.19명) 등 4개국뿐이었다.

합계출산율 1위 국가는 중앙아프리카의 니제르로 6.62명을 기록했다. 프랑스는 108위(2.07명), 북한은 125위(1.96명), 미국은 142위(1.87명), 중국은 182위(1.60명), 일본은 210위(1.41명)를 기록했다. OECD는 합계출산율 2.10명 이하를 '저출산국', 1.30명 아래를 '초저출산국' 으로 분류하고 있다.

한편 통계청은 '2016년 출생 · 사망 통계 잠정치' 를 발표하고 지난해 출생아 수가 40만 6천 300명이라고 밝혔다. 이는 2015년의 43만 8천 400명보다 7.3% 줄어든 수치다. 인구 1천 명당 출생아 수인 조출생률도 7.9명으로 전년보다 8.1% 감소했다. 조출생률이 8명 아래로 떨어진 것도 통계 작성 이후 처음이다.

출산율 급락의 주된 원인은 주 출산 연령층인 25~39세 여성 숫자가 크게 줄어들었기 때문이라는 분석이다. 주 출산 연령인 25~39세 여성은 지난해 519만 7천여 명으로, 10년 전인 2006년(625만 명)보다 105만여 명이나 줄어들었다는 것이 핵심 이유였다. 경기침체로 취업이 저조하면서 젊은이들이 결혼할 여건이 되지 않은 것도 주된 원인으로 꼽혔다.

통계청이 발표한 '2016년 혼인 · 이혼 통계'에 따르면 지난해 혼인은 28만 1천 600건으로 1년 전보다 7.0%(2만 1천 200건) 감소했다. 해결 방안으로서는 만혼 · 비혼 현상으로 혼인율이 내려가는 것 자체를 막고, 일 · 가정 양립 여건 개선정책을 시행하며, 근로시간 단축을 위한 노동개혁이 필요하다는 분석이다. 지난해 지역별 출산율은 세종특별자치시(1.82명), 전남(1.47명), 제주(1.43)명 순이었다. 서울시는 0.94명, 부산은 1.1명으로 합계출산율이 가장 낮은 지역으로 꼽혔다.

(2017년 3월)

1.3 인구 감소

우리나라의 총인구가 2015년 5천 101만 명에서 2065년에는 4천 302만 명으로 감소할 것이라는 예측이 나왔다. 통계청이 지난 8일 발표한 인구 추계 시나리오(중간 수준의 출산율 및 기대수명 기준)에 따르면 한국의 인구는 2031년 5천 296만 명을 정점으로 본격적인 감소세에 접어들 것으로 보인다.

경제 활동을 하는 생산가능인구(15~64세)는 올해 3천 763만 명을 정점으로 줄어들기 시작해 2065년에는 2천 62만 명, 2115년에는 1천 243만 명에 그칠 것으로 예측된다. 한국의 생산가능인구 비중은 2015년 73.4%로 OECD 국가 중 가장 높은 수준이나, 2065년(47.9%)에는 가장 낮아질 전망이다.

지난해는 출생자(43만 명)가 사망자 수(28만 명)보다 많았지만, 2029년부터 사망자(41만 3천 명)가 출생자(41만 2천 명)보다 많아지고, 2065년이 되면 사망자 수(74만 명)가 출생아 수(26만 명)의 2배 이상으로 늘어난다. 인구성장률은 2032년부터 마이너스로 돌아서 2065년에는 -1.03% 수준으로 예측된다. 100명이 부양해야 할 노인 · 유소년 인구를 가리키는 총부양비는 지난해 36.2명에서 2035년에 66.8명, 2065년에는 108.7명까지 세 배 이상 늘어날 것으로 전망된다.

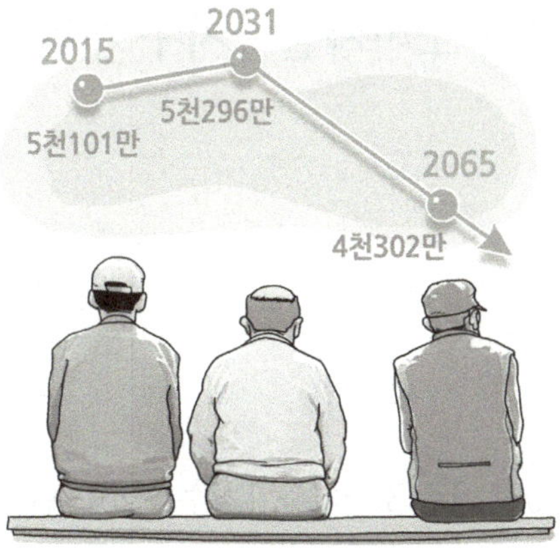

전체 인구를 연령 순서로 나열했을 때, 한가운데 있게 되는 사람의 나이를 말하는 중위연령은 2015년 40.9세, 2033년 50세를 넘어서 2065년에 58.7세까지 높아질 전망이다. 인구 감소는 일선 학교에서 현실이 되고 있다. 현재 892만 명인 학령인구(6~21세)는 2015년 892만 명에서 2025년에는 708만 명으로 줄어들 것으로 전망된다.

인구 감소는 향후 한국 경제의 가장 큰 위험 요인이 될 것으로 분석된다. 인구가 줄어든다는 것은 현장에서 일할 노동력과 돈을 쓸 소비자가 동시에 사라진다는 의미이기 때문이다. 내수가 줄고 생산 활력이 떨어지면 경제의 기초체력을 뜻하는 잠재성장률에도 영향을 미쳐 현재 3% 안팎에서 2026년 이후 1%대로 떨어질 것으로 보인다.

(2016년 12월)

1.4 소비자물가지수 개편

통계청은 2010년 기준 소비자물가지수를 2015년 기준으로 개편해 올 12월 30일 공표할 계획이다. 소비자물가지수는 도시 가구가 자주 구입하는 상품 · 서비스의 가격 변동을 보여주는 지수다. 가계소비지출에서 차지하는 비중이 0.01% 이상인 품목으로 구성하는데, 사회 변화를 반영해 5년마다 반영 품목 · 가중치 · 조사 지역 등을 조정한다.

이번 개편에서는 한 달에 가구당 평균 231원어치 이상 구입한 품목 18개가 소비자물가 집계 대상에 추가되고, 이에 못 미치는 품목 10개가 빠진다. 기준 금액인 231원은 지난해 국내 도시 가구의 월평균 소비지출액(231만원)의 0.01%에 해당한다. 새로 선정되는 대표 품목은 2010년 기준 481개에서 462개로 19개 줄일 예정이다. 쌀 · 소주 · 시내버스 요금 등의 410개 품목은 대표 품목에 그대로 유지되고 18개 품목을 새로 선정하며 10개 품목은 제외한다.

새로 선정된 품목은 현미 · 낙지 · 블루베리 · 파프리카 · 아몬드 등 농축수산물 5개 품목과 파스타면 · 식초 · 전기레인지 · 보청기 · 치과구강용약 · 헬스기구 · 지갑 등 7개 공업제품이다. 건강기기 렌탈비와 휴대전화기 수리비 · 컴퓨터 수리비 · 도시락 · 휴양시설 이용료 · 보험서비스료 등 6개 서비스 품목도 새로 추가됐다. 탈락한 품목은 꽁

치 · 난방기기 · 잡지 · 케첩 · 신발세탁료 · 커피크림 · 사전(책자) · 피방 · 세면기 · 예방접종비 등이다. 치과진료비는 치과진료비와 치과보철료로 세분하는 등 의료부문 품목들은 기존 4개에서 10개로 품목이 세분화됐다. 상추와 양상추로 나누어져 있던 것을 상추로 통합하는 등 비슷한 57개 품목은 24개 품목으로 통합됐다.

조사 지역은 총 37곳에서 38곳으로 1곳 늘었다. 세종특별자치시를 물가조사 지역에 추가하고, 그동안 제주시와 서귀포시로 따로 조사하던 것에서 제주도 단위로 물가지수를 작성하는 것으로 바뀌었다. 또 경기도에서는 인구가 증가한 용인시가 추가되고 충남과 전북에서는 보령시와 남원시 대신 아산시와 익산시로 조사 도시가 일부 바뀐다.

통계청은 6월 소비자물가지수가 지난해 같은 달보다 0.8% 상승한 110.67(2010년 = 100)로 집계됐다고 지난 7월 1일 밝혔다.

(2016년 7월)

1.5 안심전환대출

지난 3월 시행된 안심전환대출은 32만 가구가 신청할 정도로 인기가 있었지만 역설적으로 우리나라 가계 빚의 취약한 구조와 위험성을 여실히 드러낸 계기가 됐다. 정부가 가계 부채 연착륙 대책의 일환으로 마련한 안심전환대출은 주택대출을 받고 이자만 내는 가계로 하여금 원금을 나눠 갚게 하고 대신에 이자 부담을 대폭 줄여주는 인센티브를 제공하는 것이었다. 연 2.5～2.6%대의 파격적인 금리 전환 조건을 내걸었음에도 대상이 되는 112만 가구 중 80만 가구가 신청을 포기했다. 이번에 신청 자격이 되는데도 안심대출을 외면한 사람들은 원금을 나눠 갚을 여력도 없는 사람들이라고 추정된다.

20년 만기로 1억원을 빌린 경우, 이자만 내던 대출자들은 월 29만원씩 냈는데, 안심대출로 갈아타면 원리금 상환액이 월 54만원으로 늘어난다. 결국 80만 명은 이자 부담을 덜 수 있는데도 원리금 상환액 자체가 2배로 늘어나는 상황을 감당할 수가 없어 혜택을 포기한 셈이다.

안심전환대출 대상에 끼지도 못한 2금융권의 주택대출자 110만 명도 이들과 비슷한 상황에 놓여 있다. 우리나라는 작년 말 기준으로 전체 주택대출 중 75%가 이자만 갚는 대출이다. 이 비율이 세계에서 가장 높다. 주택대출자들은 이자만 내는 거치 기간이 끝나면 다른 은행에 가서

신규 대출을 받아 기존 대출금을 갚는 방법으로 버티고 있지만, 저성장과 부동산 시장의 침체, 소득 정체 등으로 점점 한계 상황으로 내몰리고 있다. 다행히 경기가 좋아져서 가계의 소득이 늘어나면 연착륙 가능성을 기대할 수 있겠지만, 불황이 장기화되고 부동산 시장이 다시 침체하면 가계발 금융 위기 시나리오가 현실화될 수 있는 것이다.

이번 안심전환대출을 계기로 대대적인 주택담보대출의 리모델링이 필요한 시점이다. 해결방안으로는 안심대출을 포기한 가구를 분석해서 맞춤형 빚 리모델링을 시작하고, 원금의 일부만 먼저 상환토록 유도하며, 원금 상환 때에도 소득공제를 해주는 방법들이 있다.

(2015년 5월)

1.6 평균소비성향

지난해 가구당 월평균 소득은 430만 2천원으로 전년 대비 3.4% 증가했다. 2013년 소득 증가율(2.1%)보다는 소폭 올랐지만 2012년(6.1%)에 비해서는 줄었다.

통계청이 지난 13일 발표한 '2014년 가계 동향'에 따르면 지난해 가계의 소득에서 소비가 차지하는 비율인 평균소비성향Average Propensity to Consume ; APC은 72.9%로 전년(73.4%)에 비해 0.5%포인트 떨어졌다. 관련 통계가 집계된 2003년 이후 가장 낮은 수준이다. 소득은 늘어나지만 소비가 줄어드는 이유는 경제성장률이 연 2~3%대에 머무르면서 경제가 어떻게 될지 모른다는 위기의식에 지갑을 닫기 때문으로 분석된다.

평균소비성향은 처분 가능한 소득 대비 소비 지출액의 비율을 의미한다. 작년 평균소비성향이 72.9%라는 것은 가계가 쓸 수 있는 돈으로 1천만원을 벌었다면 729만원만 소비하는 데 쓰고 나머지는 나중에 쓰려고 예금 등으로 남겨뒀다는 말이다. 2003년에는 이 비율이 77.9%였고 이후 소폭 등락하다가 2010년(77.3%) 이후 4년 연속 하락했다.

소득별로는 소득 하위 20% 가구의 평균소비성향이 104.1%로 전년보다 7.8%포인트 하락했다. 소득 하위 20% 계층의 가구주 평균 연

령(59.6세)이 전체 평균(49.9세)보다 높아 노인 빈곤을 반영하고 있다는 해석이다. 지난해 전체 소득에서 처분가능소득은 349만 8천원으로 전년 대비 3.5% 늘었다. 또 저축 능력을 보여주는 흑자액은 94만 7천원으로 5.2% 늘었다.

한계소비성향Marginal Propensity to Consume ; MPC은 추가로 벌어들이는 소득 중에서 저축되지 않고 소비되는 금액의 비율이다. 추가소득 중 저축되는 금액 비율은 한계저축성향Marginal Propensity to Save ; MPS이라고 한다. 예를 들어 한계소비성향이 0.5라면 추가로 벌어들이는 100만원의 수입 중 50만원을 소비한다는 뜻이다. 일반적으로 소득이 많은 사람이 소득이 적은 사람에 비해 한계소비성향이 낮고 한계저축성향은 높게 나타난다.

(2015년 2월)

1.7 이마트 지수

경제상황의 좋고 나쁨을 판별하는 지수 중에 '이마트지수E-mart index'가 있다. 이마트지수는 이마트에서 판매하는 476개 상품의 소비량 패턴을 분석해 전년 대비 증감 여부를 따져 소비자경기가 호황인지 불황인지를 판단하는 지수다. 지수가 100 이상이면 전년 같은 기간에 비해 소비가 호전된 것이고, 100 이하이면 악화된 것을 의미한다.

이마트지수가 2009년 세계금융위기 이후 가장 낮은 수치를 기록한 것으로 나타났다. 이마트는 지난 1분기 이마트지수를 분석한 결과 2009년 이후 가장 낮은 95.5를 기록했다고 밝혔다. 이에 대한 원인은 경기회복 지연에 따른 소비심리 위축, 2월의 이상한파로 인한 의류 매출 부진, 과일 · 채소 공급량 감소, 물가 상승 등을 꼽았다. 항목별로는 '의생활 지수'가 90.2로 가장 낮았고 '식생활 지수' 94.4, '주생활 지수' 96.9 등으로 집계했다. 유일하게 기준점 100을 넘긴 지수는 101.9의 '문화생활 지수'다. 특히 의생활 지수는 한파로 인한 점퍼류 판매는 증가했지만 액세서리와 구두 등의 판매부진으로 이마트지수 중 가장 낮은 90.2를 기록했다.

이와 유사하게 '빅맥지수'는 전 세계에서 팔리는 맥도날드의 햄버거인 빅맥이 크기나 품질이 일정하다는 데 착안해 모든 나라에서 같은

가격에 팔려야 한다는 가정을 세우고 그 나라의 환율이 적정한지를 따지는 지수다. 또 세계 32개 도시의 김치찌개 가격을 조사한 '김치찌개지수'가 있다.

스타벅스 커피 가운데 가장 많이 팔리는 '카페라테지수'도 있고, 아시안월스트리트저널이 사용한 삼성의 '애니콜지수'도 있다. 세계 주요 국가 11개국에서 판매되는 초코파이 가격(12개 들이 한 상자)을 미국 달러로 환산한 '초코파이지수'도 있다.

(2012년 5월)

1.8 구매력 기준 1인당 GDP

한국은행은 지난달 26일 2010년 우리나라의 1인당 GDP는 2만 500달러이고 이 수치를 토대로 산출한 구매력 기준 1인당 GDP는 3만 286달러로 추정된다고 밝혔다.

구매력 기준Purchasing Power Parity ; PPP 이론은 환율이 각국 화폐의 구매력, 즉 물가수준에 의해서 결정된다는 이론이다. 이 이론은 "한 나라의 화폐가 어느 나라에서나 동일한 구매력을 지니도록 환율이 결정된다"는 것으로서 일물일가의 법칙을 국제시장에 확장·적용한 것이다. 구매력 기준 1인당 GDP는 나라마다 다른 물가수준을 감안해 만든 소득 지표로 각 나라 국민의 실질 구매력을 보여준다.

우리나라의 구매력 기준 1인당 GDP가 높은 것은 선진국에 비해 공공요금 등 물가가 낮기 때문이다. 일본 도쿄의 택시 기본요금은 710엔으로 우리 돈으로 환산하면 9천 660원 정도다. 이는 서울 택시 기본요금(2천 400원)의 네 배가 넘는다. 이처럼 같은 돈으로 우리나라보다 일본에서 누릴 수 있는 서비스 혜택이 적은 것은 일본의 물가수준이 우리나라보다 훨씬 높기 때문이다.

이런 물가 차이를 감안해서 평가한 실질 구매력을 기준으로 할 경우 우리나라와 일본의 1인당 국민소득 격차가 크게 줄어든 것으로 집계

됐다.

명목 GDP는 각국의 물가수준이 반영되지 않아 1인당 GDP가 실제 그 나라에서 어느 정도 구매력을 갖고 있는지 알기 어렵다. 국가별로 다른 물가수준을 감안해서 상품을 구매할 수 있는 능력을 평가하는 지표가 구매력 기준 1인당 GDP이다. 구매력 기준은 화폐 단위당 구매력(실질가치)은 어느 나라에서나 같다고 가정한다. 예를 들면 1달러로 미국과 한국에서 구입할 수 있는 빅맥 햄버거의 양은 동일해야 한다는 것이다.

이러한 관점에서 보면 두 나라 화폐의 교환비율은 물가수준에 의해 결정된다고 할 수 있다. 즉, 구매력 기준에 의하면 두 화폐 간의 환율은 각국의 물가수준을 반영해 결정된다.

(2011년 2월)

1.9 생산자물가지수

한국은행은 지난 9일 발표한 '2007년 12월 생산자물가 동향'에서 생산자물가지수는 전월 대비 0.8% 상승하였고 지난해 12월에 비해 5.1% 올랐다고 밝혔다. 주요 원인으로는 농 · 수산품의 출하 감소에 따른 가격인상, 국제유가 상승 등에 의한 공산품의 가격 상승, 물동량 증가에 따른 화물운임 상승 등을 꼽았다.

주식시장에서 종합 주가지수를 나타내는 지표를 코스피지수라 하듯이 현실세계에서 수많은 상품의 가격을 하나로 종합해 전반적인 가격 동향을 파악하게 해주는 개념을 물가라 한다. 물가의 움직임을 측정하기 위해 작성하는 것이 물가지수인데 상품의 종류와 수량을 정해 놓고, 기준연도의 물가수준을 100으로 하여 비교시점의 물가를 숫자로 나타낸 지표를 뜻한다.

현재 우리나라에서 흔히 쓰이는 물가지수로는 생산자물가지수, 소비자물가지수 등이 있다. 생산자물가지수는 한국은행이, 소비자물가지수는 통계청이 작성하며, 기준연도는 5년마다 개편된다. 생산자물가지수는 국내에서 생산하는 상품 · 서비스가 시장에 처음 출하하는 가격의 변동을 측정하기 위해 작성하며, 1~2개월 후 소비자 물가에 반영한다. 실제추계는 서울을 비롯한 전국 16개 주요 도시지역에서 거래하는 중

요품목의 생산자 판매가격을 중요도에 따라 가중치를 달리하여 기준연도 대비 산술평균한다.

소비자물가지수는 가계의 소비생활에 필요한 상품의 가격변동을 측정하기 위해 작성하는 물가지수이다. 실제추계는 전국 32개 도시지역에서 거래되는 생활필수품의 소매가격을 중요도에 따라 가중치를 달리하여 기준연도 대비 산술평균한다.

(2008년 1월)

1.10 미니스커트와 삼중고

경기가 좋지 않을 때는 치마 길이가 짧아진다는 속설이 있다. 이 말을 증명이라도 하듯이 각종 경기 지수가 나쁜 요즘에 미니스커트 판매가 급증하고 있다. 한 인터넷 쇼핑몰에 따르면, 지난 6~7월 사이 팔린 미니스커트 판매량은 21만 장으로 지난해 같은 기간의 판매량 6만 5천 장에 비해 세 배 이상 늘어났다. 판매량뿐만 아니라 미니스커트 평균 길이가 올해는 20cm 안팎으로 올라갔다.

미니스커트와 경기와의 관계를 설명하는 뚜렷한 이론은 없지만 불황일수록 여성들이 초라해 보이지 않기 위해 자신을 돋보이게 하려는 심리가 강하게 작용한다. 즉, 미니스커트가 '길거리 경기지표' 역할을 한다는 것이다.

실제로 성장률 물가 경상수지 등 경제의 3대 지표가 동시에 악화되고 있다. 삼중고 속에 경기가 '단기 둔화' 아닌 '장기 침체'에 빠질 가능성을 보이고 있다. 올해 우리나라의 상반기 경상수지는 2억 7천만 달러 적자를 기록함으로써 상품 · 서비스 · 자본수지를 합친 경상수지가 6개월 기준으로 적자를 낸 것은 1997년 상반기 이후 9년 만이다.

올들어 2%대 초반에서 안정됐던 소비자 물가가 이미 3% 가까이 올라 한국 경제의 발목을 잡고 있다. 특히 서민들이 많이 쓰는 경유 가격

이 20.8%나 치솟았고, 휘발유 가격도 8.5% 올랐다. 더욱이 정부가 억지로 눌러온 대중 교통비 등 공공요금이 오르며 하반기 물가 상승을 주도할 전망이다.

아울러 지난 2분기 경제 성장률은 1분기 대비 0.8%에 그치는 등 5분기 만에 다시 내림세로 돌아섰다. 정부의 부동산 규제로 건설경기가 침체되고 내수가 나빠졌기 때문이다. 민간 연구소들은 이미 올해 성장률 전망치를 잠재 성장률을 밑도는 4%대 중반으로 낮춰 잡았다.

(2006년 8월)

1.11 GRDP

국가 간 부의 비교에 흔히 쓰이는 경제지표는 국내총생산Gross Domestic Product ; GDP이다. 국내총생산은 일정 기간 동안에 한 나라의 국경 안에서 생산된 모든 최종생산물의 시장가치라고 정의된다. 이는 한 국가 내의 모든 지역에서 얼마만큼 재화가 생산되었는가를 측정하는 개념이다. 그 나라 국민이든 아니든 관계없이 모든 경제주체들이 한 나라의 국경 안에서 만들어낸 모든 최종생산물의 시장가치를 국내총생산이라 한다.

반면에 국민총소득Gross National Income ; GNI은 한나라 국민이 일정 기간 동안에 만들어낸 모든 최종생산물의 시장가치이다. 국민총소득에는 국내에서 생산된 것이든 해외에서 생산된 것이든 간에 그 나라 국민이 생산한 것은 포함된다. 이는 예전에는 국민총생산Gross National Product ; GNP으로 불려진 개념이다.

이와 유사하게 한 나라 내의 지역 간 부의 비교에 쓰일 수 있는 지표가 지역내총생산Gross Regional Domestic Product ; GRDP이다. 이는 각 시·군·구별로 한 해 동안 얼마만큼의 부가가치가 발생했는지를 생산 측면에서 집계한 것이다. GRDP는 각 지방자치단체의 경제규모, 생산수준, 산업구조 등을 파악하고 정책을 수립하는 데 기초자료로 사용될 수

있다. 이처럼 지역별 경제상황이라든지 정책수립에 있어서 중요한 참고자료인 GRDP는 광역시와 도 수준에서는 추계되고 있지만 대전, 경기, 강원, 경북의 4개 광역자치단체를 제외하면 시 · 군 · 구 단위에서는 발표되고 있지 않다는 문제가 있다. 지방화 시대에 각 지역의 경제력을 알아볼 수 있는 GRDP는 없어서는 안 될 중요한 통계이므로 시급히 만들어져야겠다.

참고로 지난 2001년 기준으로 추계된 서울의 1인당 GRDP는 $8,791, 부산은 $6,828이며, 1인당 GRDP가 가장 높은 지역은 $20,147의 울산이고 가장 낮은 지역은 $5,646의 대구로 조사되었다.

(2003년 11월)

제2장

재정정책 (조세체계)

2.1 싱글세

최근 전 세계적으로 주목받는 사회 현상 중의 하나인 1인 가구 증가가 우리나라에도 현실로 나타나 2010년 1인 가구 수는 전체 가구의 23.9%, 2012년은 25.3%이고 2025년에는 31.3%에 달할 것으로 전망되고 있다. 그런데 저출산 문제 해결을 위해 1인 가구에 부과하는 이른바 '싱글세'가 존재한다는 연구결과가 최근 발표됐다.

지난달 23일 발표된 한 논문에 따르면 독신 가구가 두 자녀를 둔 외벌이 가구(4인 가족)보다 연간 약 79만원의 세금을 더 내는 것으로 나타났다. 논문은 가구 형태와 부양 자녀 수에 따른 유효세율을 분석했다. 여기서 소득세 유효세율은 세전소득을 소득세(국세와 지방세)로 나눠 계산했다. 그 결과 혼인 여부와 부양 자녀의 수에 따라 세 부담이 줄어드는 경향을 보였다. 중간소득 구간(4~6천만원)으로 비교하면 평균 유효세율이 독신가구 2.88%, 외벌이 무자녀 가구 2.53%, 외벌이 한 자녀 가구 1.51%, 외벌이 두 자녀 가구 1.24%로 분석됐다.

싱글세의 관점에서 보면 해당 구간에서 독신가구는 혼인을 하지 않음에 따른 0.35%와 두 명의 부양자녀가 있는 혼인가구에 비해 1.3% 등 총 1.64%의 상대적인 추가세율이 적용되고 있으며 총 79만원 정도의 세금을 추가로 납부하고 있었다. 이는 배우자공제와 이에 따른 기타공

제비용의 증가 등 다양한 요인에 의한 것으로 보인다.

우리나라 소득세 제도는 본인과 배우자, 부양가족 1인당 150만원의 기본 인적 공제를 해주고 있다. 저출산 해결 차원에서 자녀 세액 공제액을 인상하고 출산 수당을 비과세하는 등 해마다 출산 · 양육 관련 세제 혜택을 늘리고 있다.

한편 저출산 극복이란 정책 취지는 인정해도 자녀 출산에 대한 혜택을 세금 감면 방식으로만 해줄 경우 1인 가구의 조세저항에 직면할 수 있는 문제가 있다. 논문은 출산장려 정책 관련 공제제도가 확대되면서 상대적으로 독신 가구의 세 부담이 높아져 싱글세 효과가 나타나고 있다고 주장하면서 독거노인 등 취약계층으로 전락하기 쉬운 1인 가구를 위한 다양한 세제 혜택을 고민할 필요가 있다고 제언했다.

(2016년 12월)

2.2 정크푸드세

프랑스 정부가 국민 2명 중 1명이 겪고 있는 비만 · 과체중 문제를 해결하기 위해 정크푸드junk food세 도입 계획을 밝히자 프랑스 국민 사이에 찬반 논란이 벌어지고 있다. 과세를 통해 불량 식품을 몰아내야 한다는 의견과 효과는 없고 음식값만 높인다는 반대론이 맞서고 있다. 프랑스 재무부는 햄버거, 핫도그와 같이 칼로리는 높지만 영양가는 낮은 정크푸드에 사회보장 기여세 형식의 세금을 추가로 매긴다는 계획이다. 정크푸드세의 가장 큰 목적은 비만 잡기이다.

프랑스 비만 인구는 2012년 기준 980만 명으로 전체 국민의 14.8%에 달했고, 과체중 인구도 2천 460만 명으로 전체의 37.1%였다. 프랑스 정부는 "2012년부터 이미 설탕이나 감미료를 넣은 음료수에 소다세를 부과해 왔지만, 이보다 더 강력한 제도를 도입할 필요가 있다고 판단했다" 고 밝혔다.

정크푸드세는 미국 일부 주와 멕시코, 인도 등에서 비만세, 칼로리세 등의 이름으로 운영되고 있지만, 유럽에선 자리를 잡지 못했다. 2011년 덴마크는 지방세를 도입했다가 국민 반발 등에 밀려 15개월 만에 폐지했다. 독일에선 지난해 여론조사 결과 국민의 68%가 비만세에 반대하는 것으로 나타났다.

비만세는 비만을 유발하는 원인이 되는 제품에 별도로 부과하는 세금으로, 비만의 주원인이 되는 식품에 세금을 부과하는 내용을 골자로 하고 있다. 비만세는 죄악세sin tax 또는 악행세의 일종으로 국민 건강과 복지 증진에 나쁜 영향을 끼치는 특정 품목의 소비를 억제하기 위해 부과하는 세금이다. 담배 · 주류 · 경마 · 도박 등 소비자들에게 유해한 영향을 끼쳐 소비의 억제가 필요한 품목에 과세한다.

대표적인 죄악세 항목인 담배와 주류의 경우, 소비로 발생하는 간접흡연, 음주교통사고, 음주폭력 등의 문제에서 비롯되는 사회적 비용을 줄이고 국민의 복지와 건강을 증진시키기 위한 목적으로 행해진다. 외국에서는 담배 · 주류뿐만 아니라 비만을 유발하는 식품과 코카인, 마리화나 등과 같은 마약류에도 죄악세를 부과하는 경우가 있다.

(2016년 10월)

2.3 전력산업기반기금

지난 여름 폭염으로 인해 에어컨 사용이 늘면서 8월 검침분 전기요금이 6월분보다 두 배 이상 늘어난 가구는 298만 1천 가구, 네 배 이상 늘어나 이른바 '전기요금 폭탄'을 맞은 가구는 38만 가구에 달했다. 전기요금고지서를 꼼꼼히 들여다보면 전기요금의 3.7%에 해당하는 전력산업기반기금전력기금을 추가로 납부하게 되어 있다. 지난 2001년 설립된 전력기금의 부담금 부과율은 3.23%에서 2002년 4.591%로 인상됐고 2005년부터 현재와 같은 3.7%로 유지되고 있다.

이 기금은 전력산업 기반조성사업에 따른 편익과 수혜를 전기사용자에게 돌려주기 위해서 만들어졌다. 구체적으로 전력원가 절감, 전력수급 안정, 전기안전 확보, 보편적 전력 공급 구현 등이다. 전력기금 징수액은 2010년 이후 꾸준히 증가하고 있다. 2010년 1조 3천 478억원이었던 징수액은 2011년 1조 4천 709억원, 2012년 1조 6천 637억원, 2013년 1조 8천 274억원, 2014년 1조 9천 471억원, 2015년 2조 1천 440억원으로 늘었다. 산업부의 올해 징수 계획은 2조 2천 770억원, 내년은 2조 3천 38억원이다

정부는 이 기금의 여유회수자금이 올해와 내년 모두 1조원이 넘을 것으로 추산했다. 여유회수자금이란 매년 기금 수입 중 지출분을 제하

고 이월되는 돈을 뜻한다. 전력사용량 증가로 기금 수입은 늘었지만, 기금을 통해 전력 수요자들이 받을 수 있는 혜택은 제자리라는 의미다.

전기요금의 3.7%로 책정된 전력기금 부과율을 낮춰 누진제 개편에 사용하는 등 국민에게 혜택을 돌려줘야 한다는 목소리가 높다. 제대로 쓰지 못할 바엔 전력기금 징수를 낮추는 것도 하나의 방법으로 보인다.

중앙정부의 재정은 크게 예산과 기금으로 나눌 수 있다. 예산의 경우는 매년 계획을 세워 국회의 심의를 받아 의결된 다음에야 집행할 수 있는 반면에 기금은 그처럼 까다로운 과정을 거치지 않아도 된다는 특징이 있다.

기금은 특별한 목적을 수행하기 위해 특정한 자금을 예산과는 독립적으로 운용할 필요가 있을 때 설치된다. 2015년 현재 우리나라에는 574조원 규모의 63개 기금이 운용되고 있다.

(2016년 10월)

2.4 상속 · 증여세

미국의 대선 후보 도널드 트럼프는 공약으로 상속 · 증여세의 폐지(혹은 완화)를 내걸고 있다. 상속세를 없애야 부의 이전이 원활히 이뤄지고, 상속받은 젊은층들이 지갑을 열 것이라는 게 트럼프의 주장이다. 상속 · 증여세율은 노르웨이, 폴란드, 이탈리아, 스위스, 대만 등은 10% 이하이고 캐나다, 호주, 뉴질랜드, 스웨덴, 오스트리아 등은 0%이다. 현행법상 우리나라 상속 · 증여세는 1억원 이하는 과세표준의 10%, 1억원 초과 5억원 이하에 대해서는 20%, 5억원 이상은 30%에서 최고 50%까지 단계적으로 높아지도록 되어 있다.

이런 상속세의 부담을 덜기 위해 미리 재산을 자녀에게 물려주는 증여가 늘어나고 있다. 지난 5일 국세청이 공개한 2015년 국세통계에 따르면, 지난해 전국의 증여세 신고액은 2조 3천 628억원으로 2014년(1조 8천 788억원)에 비해 25.8% 증가했다. 증여세를 낸 인원은 2014년 8만 8천 972명에서 2015년 9만 8천 45명으로 10.2% 늘어났다.

증여세는 10년 합산으로 과세하고, 사망 시점에서 10년 이내 증여한 재산은 상속 재산으로 분류되기 때문에 적어도 10년 전에 증여를 해야 절세 효과를 볼 수 있다는 얘기다. 또 다른 절세 방법으로는 조부모가 부모를 거치지 않고 곧바로 손자나 손녀에게 재산을 물려주는 세대

생략 증여가 있다. 세대 생략 증여는 최대 25% 정도 세금 절감 효과가 있다는 분석이다. 세대 생략 증여와 함께 관심을 모으는 것이 부담부증여다.

부담부증여란, 부동산을 증여하면서 채무도 같이 넘기는 방식을 말한다. 부담부증여를 하면 현재 시세에서 전세금 · 대출금을 뺀 나머지 가액에 대해서만 증여세를 납부하기 때문에 세금이 줄어든다. 부담부증여는 절세뿐 아니라 자녀에게 효도 의무를 지울 수 있다는 점에서도 각광받고 있다. 만일 부모가 일정 기간 자신을 부양하는 조건으로 자녀에게 아파트를 증여했는데 이를 이행하지 않으면, 계약을 파기하고 아파트를 다시 찾아올 수 있다.

(2016년 8월)

2.5 구글세

G20주요 20개국 외무장관들이 지난 9일 페루 리마에서 회의를 열고 거대 다국적 기업들의 조세 회피 방지와 공정한 징수를 위한 조세제도(가칭 구글세) 도입에 합의했다. 이 제도가 도입되면 조세제도의 허점 및 국가 간 세법 차이 등을 이용해 조세를 회피하는 구글·아마존·애플 같은 다국적 기업들이 세금을 피할 목적으로 법인 소재지를 세율이 턱없이 낮은 조세 피난처로 이전하는 등의 편법 행위가 강력하게 단속된다. OECD경제협력개발기구는 이 제도가 정착될 경우 다국적 기업들로부터 거둬들이는 세수가 연간 2천 500억 달러(약 290조원)까지 늘어날 것으로 전망했다.

구글세Google Tax란 다국적 IT기업을 대상으로 부과되는 각종 세금을 말한다. 즉, 특허료 등 막대한 이익을 올리고도 조세 조약이나 세법을 악용해 세금을 내지 않았던 다국적 기업에 부과하기 위한 세금을 뜻한다. 구글세는 소득을 세율이 낮은 나라로 이전하면서 회피되는 법인세에 세금을 부과하려는 조세이다. 다국적 기업이 고세율 국가에서 얻은 수익을 특허 사용료나 이자 등의 명목으로 저세율 국가 계열사로 넘겨 절세하는 것을 막겠다는 취지다.

구글은 전체 매출의 80%가 미국 밖에서 발생하는데 미국 이외의 국

가에서 벌어들인 수익에 대해 평균 2.4%의 세금만 낸 것으로 파악되고 있다. 한국의 애플코리아 역시 연 매출은 2조원 가량 되지만 법인세는 거의 내지 않는 것으로 알려져 있다. 이런 다국적 IT기업들에게 세금을 제대로 물려야 한다는 논의가 본격화되면서 구글세라는 용어가 생겼다.

한편 구글세는 뉴스 등 콘텐츠 저작권료나 사용료를 부과하는 경우에도 사용된다. 즉, 종이 신문 매체의 뉴스 콘텐츠를 포털사이트에 게재하여 광고 수익을 챙기는 포털사이트에 세금 형태로 징수하는 콘텐츠·저작료 사용료도 구글세라 한다. 대표적인 포털사이트가 구글이기 때문에 이러한 명칭이 붙었다. 대다수 신문 독자들은 포털사이트를 통해 온라인 기사를 읽고 있는데, 포털사이트가 신문사에 별도의 대가를 지불하지 않아 언론사와 포털사이트 사이에 구글세 논쟁이 벌어졌다.

(2015년 10월)

2.6 기금 수익률

중앙정부의 재정은 크게 예산budget과 기금fund으로 나눌 수 있다. 일반회계와 특별회계로 구성된 예산의 경우는 매년 계획을 세워 국회의 심의를 받아 의결된 다음에야 집행할 수 있는 반면에 기금은 그처럼 까다로운 과정을 거치지 않아도 된다는 특징이 있다. 기금은 특별한 목적을 수행하기 위해 특정한 자금을 예산과는 독립적으로 운용할 필요가 있을 때 설치된다. 기금은 주무부처의 출연금, 부담금 등 다양한 수입원으로 재원을 마련하고 융자사업 등 기금고유사업을 수행한다.

이러한 기금의 운용수익률이 매우 낮다는 지적이 대두되고 있다. 2013년 현재 정부가 관리하는 64개 기금의 투자 수익률이 연 2.66%에 그쳐 연 2.89%인 정기예금 금리와 연 2.79%인 국고채(3년 만기) 금리보다 못한 것으로 나타났다. 이들 기금은 국민이 내는 세금이나 각종 부담금으로 조성되는 것으로, 수익률이 떨어지면 그만큼 국민 부담이 늘어난다.

'2013년 64개 기금운용 수익률' 자료에 따르면 문화체육관광부가 운영하는 관광진흥개발기금은 -3.23%의 수익률로 원금을 까먹었다. 영화발전기금(1.57%), 낙동강수계관리기금(1.59%), 군인연금기금(1.75%), 응급의료기금(1.77%) 등 4개 기금은 연 1%대, 근로복지진흥

기금(2.08%) 등 42개 기금은 연 2%대의 저조한 수익률을 냈다. 반면에 국민연금기금은 2013년에 426조 9,545억원을 채권, 주식 등에 투자하여 총수익률이 4.19%였고 수익금은 16조 6,513억원이었다.

유일하게 마이너스 수익률(-3.23%)을 기록한 관광개발진흥기금은 무리하게 부동산에 투자한 결과이다. 연 1.75%의 수익률에 그친 군인연금기금도 부동산 PF프로젝트파이낸싱 등에 투자한 것이 원인이다. 국민건강증진기금, 석면피해구제기금, 응급의료기금, 문화재보호기금은 이자를 안 주는 한국은행 국고계정에 총 1,100여 억원의 돈을 예치했다가 수익을 내지 못했다. 기금 운용에서 가장 큰 문제는 담당 공무원들의 인력 및 전문성 부족으로 지적된다.

(2014년 9월)

2.7 재산세

재산세는 매년 6월 1일 현재 토지 · 주택 · 건축물 · 선박 · 항공기 등을 소유한 자에게 과세하는 지방세다.

재산세는 재산세 본세, 재산세 도시지역분, 지역자원시설세, 지방교육세 등으로 이뤄져 있다. 재산세는 금액이 10만원 이상일 때 7월과 9월 2번에 나눠 부과한다. 7월분 재산세에는 주택의 1/2(토지 포함), 주택 이외 건축물, 선박 및 항공기에 대해 부과한다. 9월분 재산세는 주택의 1/2(토지 포함)과 토지가 과세대상이다.

재산세의 과세표준과 세율은 재산세 고지서에 나와 있고 궁금한 내용은 관할 구 · 군에 문의하면 된다. 부산지역 A아파트의 공시가격이 2억 6천만원일 때 재산세는 다음과 같은 과정을 통해 계산한다. 주택의 과세표준(공시가격의 60%)은 2억 6천만원 × 0.6 = 1억 5천 6백만원이다.

재산세 본세 = 195,000원 + 1억 5천만원 초과금액(6백만원) × 1,000분의 2.5 = 210,000원

도시지역분 = 과세표준액(1억 5천 6백만원) × 1,000분의 1.4 = 218,400원

지방교육세 = 본세의 20% = 210,000 × 0.2 = 42,000원

여기서 지역자원시설세는 공동주택 가격이 아닌 건물만 따로 계산한 건물시가의 60%를 과세표준액으로 한다. 예를 들어 건물만의 시가가 1억이라고 가정하면 과세표준액은 6천만원이 되고 지역자원시설세 = 13,700원 + 2,600만원 초과금액(3,400만원) × 10,000분의 8 = 40,900원이 된다.

이렇게 재산세 본세와 도시지역분을 합한(210,000 + 218,400) 428,400원이 연간으로 내야 할 재산세이고 이의 1/2인 214,200원이 7월 말까지 내야 할 재산세 금액이다. 7월분 재산세에 포함된 지역자원시설세는 40,900원의 1/2인 20,450원, 지방교육세는 42,000원의 반인 21,000원이다.

따라서 공시가격 2억 6천만원인 아파트 소유주가 내야 할 7월분 재산세 합계는 214,200원(재산세) + 20,450원(지역자원시설세) + 21,000원(지방교육세) = 255,650원이다.

(2014년 8월)

2.8 자동차세

안전행정부는 지난달 24일부터 전국 자치단체 공무원 5천여 명을 투입해 자동차세 상습 체납 차량을 집중 단속하고 번호판을 영치한다고 밝혔다. 안행부에 따르면 올 2월 말 기준으로 자동차세 체납액은 7천264억원에 이른다. 자동차세를 4회 이상 안 낸 '상습 체납차량' 위주로 단속하지만 1~3회 체납 차량도 체납 액수가 많으면 관련 법규에 따라 번호판을 영치한다.

우리나라의 자동차세는 지방세 중 시·군세에 해당하며 자동차 소유에 대해 재산세적인 성격과 도로이용, 손상 및 환경오염에 대한 부담금적 성격을 동시에 갖고 있다. 납기가 있는 6월과 12월의 1일 현재, 자동차를 소유하고 있는 사람이 납세 의무자다. 따라서 1년에 두 번, 6월 말과 12월 말 자동차세를 납부해야 한다. 자동차세 연납제도를 이용해서 자동차연세액을 일시에 신고 납부하면 세액의 10%를 공제받을 수 있다.

우리나라는 자동차의 배기량(엔진 실린더 크기, cc)에 따라 자동차 세금이 정해지는 배기량기준세제를 채택하고 있다. 승용자동차의 연세액은 배기량 × cc당 세액으로 계산한다. cc당 세액은 다음 표와 같다.

영업용		비영업용	
배기량	cc당 세액	배기량	cc당 세액
1,000cc 이하	18원	1,000cc 이하	80원
1,600cc 이하	18원	1,600cc 이하	140원
2,000cc 이하	19원	1,600cc 초과	200원
2,500cc 이하	19원	–	–
2,500cc 초과	24원	–	–

비영업용승용자동차의 납부해야 하는 자동차세는 배기량 × 세율 × 1/2 × 차령적용률이다. 여기서 차령적용률은 차령이 3년 이상 된 자동차의 세액을 다음의 식으로 할인해 주는 것이다.

자동차 1대의 각 기분 세액 = $A/2 - (A/2 \times 5/100)(n - 2)$

(A : 자동차의 연세액, n : 차령($2 \leq n \leq 12$))

이렇게 계산된 자동차세에다 지방교육세(자동차세 × 30%)를 더한 것이 최종 내야 될 자동차세 금액이다.

(2014년 7월)

2.9 직접세와 간접세

직접세[direct tax]보다 간접세[indirect tax]로 나라 곳간을 채우는 국가들이 늘어난 것으로 집계됐다고 파이낸셜타임스[FT]가 지난달 28일 보도했다. 다국적 컨설팅 기업 KPMG가 공개한 보고서에 따르면 지난해 1월 이후 전 세계 130여 개국을 조사한 결과, 간접세 인상은 13개 국가로 집계됐다. 반면 간접세율을 내린 국가는 한 곳도 없었다. 같은 기간 직접세인 법인세를 인상한 경우는 9개국에 그쳤다. 오히려 24개국이 법인세를 낮췄다.

간접세를 올린 나라에는 키프로스와 핀란드, 프랑스, 이탈리아, 일본 등이 포함됐다. 특히 일본은 간접세 중 하나인 소비세율을 기존 5%에서 8%로 올렸다. 간접세가 가장 높은 곳은 헝가리(27%), 가장 낮은 곳은 네덜란드령 아루바섬(1.5%)이었다.

직접세인 법인세를 인상한 국가는 칠레, 그리스, 인도, 이스라엘, 룩셈부르크였다. KPMG는 보고서에서 "경제위기 이후 각국이 조세 수입을 늘리기 위해 골몰하는 가운데 직접세 인상보다는 간접세 인상을 채택하는 경우가 늘었다는 것을 뜻한다"고 말했다.

직접세는 납세의무자와 실제로 세금을 부담하는 담세자가 일치하는 경우를 말한다. 현재 우리나라에는 소득세, 법인세, 상속세, 증여세

등 4가지의 직접세가 있다. 직접세는 납세능력이 큰 사람에게는 많게, 능력이 적은 사람에게는 적게 과세하는 소득재분배의 기능이 있다. 간접세는 납세의무자와 실제 세금을 부담하는 담세자가 다른 경우를 말한다.

현재 우리나라에는 부가가치세, 주세 등 5가지의 간접세가 있다. 간접세는 납세능력에 따라 차별적 과세가 불가하기 때문에 저소득층의 조세부담이 상대적으로 커지게 된다. 하지만 직접세의 비중이 높아지기만 하면 자동적으로 공평한 부담이 달성되는 것은 아니다. 예를 들어 직접세인 소득세 수입의 비중을 높이기 위해 중하위 소득계층의 근로소득에 대한 과세를 강화한다면 직접세 비중은 올라가더라도 공평한 분배는 아니라는 것이다.

(2014년 5월)

2.10 버핏세

버락 오바마 미국 대통령이 미국판 부유세라 할 수 있는 '버핏세Buffett Rule' 도입을 추진하기로 했다. 이 법안은 연간 100만 달러(약 12억원) 이상을 버는 부유층의 자본소득에 적용하는 세율이 적어도 중산층 이상은 되도록 세율 하한선을 정하는 방안이다. 법안은 부자증세를 촉구해 온 워런 버핏 회장 이름을 따서 '버핏세'로 불릴 예정이다.

미국의 일반 소득세는 과표 구간이 6개이고 세율은 10 · 15 · 25 · 28 · 33 · 35%로 정하고 있다. 중산층의 경우 해당 세율은 15% 또는 25%이며 연소득 37만 9천 150달러 초과인 개인 또는 가구주가 최고 세율인 35%에 해당한다. 버핏 회장 같은 거부들은 자본소득이 큰 비중을 차지하는데 고정자산 매각 수입 등 장기 자본소득에 대한 세율은 최고 15% 밖에 되지 않아 자본소득이 대부분인 슈퍼부자들에게 적용하는 세율이 중산층보다 낮은 모순이 발생하고 있다.

버핏세는 이런 문제점을 개선해 연소득 100만 달러가 넘는 부유층에게 적어도 중산층보다는 높은 세율이 적용되도록 하겠다는 구상이다. 미국 당국자에 따르면 버핏세 해당자는 2010년 등록된 납세자 1억 4천 400만 명의 0.3%에 불과한 45만 명 미만으로 추산한다.

우리나라의 근로소득세 과세율은 2010년 기준으로 과세표준 1천

200만원 이하는 6%, 1천 200만원～4천 600만원 15%, 4천 600만원～8천 800만원 24%, 8천 800만원 초과는 35%이다.

지난해 평균 연봉이 6천만원 이상인 상위 20%의 봉급생활자들이 전체 근로소득세의 84.2%를 부담한 것으로 나타났다. 지난해 국세청이 근로소득세 납세 대상자 924만 명에게 부과한 세금 총액은 15조 5천 844억원이다. 이 가운데 상위 20%인 185만 명이 낸 세액이 13조 1천 528억원에 달했다.

(2011년 9월)

2.11 토빈세

국제 금융거래에서 세금을 부과해 투기를 억제하고 세수를 늘리려는 '토빈세Tobin's Tax'에 대한 논란이 일고 있다. 유럽연합EU 정상들은 국제통화기금IMF에 토빈세 도입을 검토할 것을 정식으로 촉구하고 나섰다.

프랑스와 영국 등 토빈세 도입에 적극적인 국가들은 이렇게 거둬들인 세금을 개발도상국이 기후변화에 대응하는 데 사용토록 하자는 구체적인 방안까지 내놓고 있다.

프랑스 정부가 전 세계 모든 금융거래에 0.005%의 세금을 부과해 매년 300억 유로 가량의 기금을 조성해 개도국과 빈국을 지원할 것을 지속적으로 주장하고 있다. 그러나 미국이 반대하고 IMF도 회의적인 입장을 보이고 있어 실제 도입이 실현될지 여부는 미지수다.

토빈세는 1981년 노벨경제학상 수상자인 제임스 토빈 미국 예일대 교수가 주장한 이론으로 모든 국가 간의 자본 유출입 거래에 대해 단일 세율을 적용하는 외환거래세의 일종이다. 외환 · 채권 · 파생상품 등으로 막대한 수익을 올리는 핫머니에 거래세를 부과해 급격한 자금 유출입으로 통화위기가 촉발되는 것을 막자는 게 골자다.

하지만 일부 국가에서만 실시할 경우에는 국제자본이 토빈세가 없는 곳으로 이전할 가능성이 높아 현재까지 활성화되진 못하고 있다.

브라질이 토빈세를 도입한 데 이어 대만, 터키, 러시아 등 외환거래에 제한을 가하거나 가하려는 나라들이 늘고 있다. 이들 나라가 토빈세 등을 도입하고 있는 것은 핫머니 유입에 따른 부작용을 견제하기 위한 방안이다. 실제 토빈세는 핫머니 유입 억제에 큰 효과를 보고 있다.

지난달부터 레알화 표시 채권과 주식에 대한 외국인 투자에 2%의 거래세를 부여하고 있는 브라질의 경우, 종전 하루 평균 10억 달러에 달하던 외국인 투자액이 세제 도입 이후엔 3억 달러 선으로 급감했다고 한다.

(2009년 12월)

2.12 단일세율소득세

소득세를 내리게 되면 얻는 이익이 손실보다 훨씬 크다는 주장이 제기되고 있다. 세금제도도 하나의 국가 경쟁력이 될 수 있으며, 현행 제도 하에서 연 소득이 8천만원이 넘는 사람은 소득세, 주민세 등을 합쳐 소득의 절반 가량을 세금으로 내야 한다. 이는 경쟁국과 비교해 볼 때 과다하며 이대로는 외자유치가 힘들다는 것이 이들의 논리이다. 소득세 인하를 주장하는 사람들은 부과하는 세금은 줄이되 많은 사람에게 세금을 거두면 동일한 효과를 거둘 수 있다면서 납세자의 46%가 세금을 한 푼도 내지 않는 것부터 고쳐야 할 것이라고 주장한다.

다행히 올해부터 10, 20, 30, 40%의 세율구조를 9, 18, 27, 30%로 인하하기로 했지만 이것으로는 부족해 싱가포르의 최고 세율인 26%나 홍콩의 17% 정도에 근접할 정도로 더 내릴 것을 요구하고 있다. 또한 현재 4단계인 과세구간도 줄이면서 중장기적으로는 단일세율flat rate income tax로 나아가야 한다는 입장이다.

단일세율소득세는 세율구조를 극단적으로 단순화시켜 모든 소득에 대해 단 한가지의 세율을 적용하는 것이다. 현재의 누진적인 4단계의 세율구조가 아니라 소득이 1천만원이든 1억원이든 똑같은 세율로 세금을 부과한다는 것이다. 이 제도를 제안하는 사람들은 단일한 세율이 적

용되면 행정비용을 절감할 수 있는 이점이 있을 뿐 아니라 현행 소득세제에서 허용하는 각종 공제제도를 이용한 합법적인 조세회피 행위를 막을 수도 있다는 것이다. 그와 같은 조세회피 행위가 주로 고소득층에서 행해져 온 현실을 감안하면 단일세율이 채택된다 하더라도 실질적인 누진성에는 큰 변화가 없으리라는 것이 그들의 주장이다.

반면에 이 제도를 시행하면 고소득층에게만 유리하게 될 것이라는 점을 들어 반대하는 사람도 적지 않다. 이 제도는 효율성 측면에서는 장점이 있다 할지라도 조세부담의 형평성이라는 측면에서 문제를 야기할 수 있기 때문에 쉽사리 채택되지 못하고 있는 실정이다.

(2002년 5월)

제 3 장

재정정책
(조세정책)

3.1 2016 연말정산

일 년에 한 번씩 내야 될 세금(결정세액)을 정확히 계산해서 지난 1년 동안 미리 납부한 세금(기납부세액)과 비교해 기납부액이 결정세액보다 많이 내었으면 돌려받고, 결정세액보다 적게 내었으면 더 납부하는 절차를 연말정산이라 한다. 연말정산은 매년 개정된 세법 내용과 소득공제 항목에 따라 달라지기 때문에 미리 확인해야 혜택을 제대로 받을 수 있다.

국세청은 지난달 20일 '2016년 귀속 근로소득 연말정산 종합 안내'를 통해 올해부터 달라진 연말정산 내용을 소개했다. 올해 근로소득이 발생한 1천 700만 명의 근로자와 130만 명의 원천징수의무자는 오는 2월분 급여를 지급받을 때까지 연말정산 신고서를 제출하면 된다.

우선 바뀐 세법에 따라 올해부터 고액기부에 대한 세제혜택이 늘어난다. 2015년 연말정산에서는 3천만원을 초과하는 기부금에 대해 25%의 세액공제 혜택이 제공됐으나 올해는 2천만원 초과분에 대해 30%의 공제를 받을 수 있다. 고액기부에 대한 문턱은 낮추고 세제혜택은 확대한 것이다.

다음으로 올해 중소기업에 취업한 근로소득자는 연 150만원 한도 내에서 소득세의 70%를 감면받게 된다. 신규 청년취업자, 60세 이상

고령자, 장애인에게만 혜택이 주어졌으나 올해부터 모든 신규 취업자로 확대된다.

올해부터는 연말정산 서비스가 보다 간소화됐다. 국민연금 · 건강보험료 등 4대 보험료 자료와 휴 · 폐업 의료기관의 의료비 자료를 제공하고, 공단이나 병원을 방문하지 않고도 연말정산간소화를 통해 증명자료를 편하게 확인할 수 있게 됐다.

또한 국세청은 부양가족이 간편하게 소득 · 세액공제자료 제공동의를 신청할 수 있도록 온라인 신청 방법도 신설했다. 기존에 세무서를 방문하거나 신용카드, 휴대전화, 공인인증서, 팩스를 통한 방법 외에 온라인 신청 방법을 추가한 것이다. 각종 소득 · 세액공제 증명자료는 오는 15일부터 국세청 홈택스를 통해 제공된다.

(2017년 1월)

3.2 자동차세 개정

현재 2,700만원 정도의 1,999cc 쏘나타와 6,300만원 가량의 1995cc BMW의 자동차세는 비슷하다. 그 이유는 우리나라의 자동차세는 자동차의 배기량(엔진 실린더 크기, cc)에 따라 세금이 정해지는 배기량 기준세제를 채택하고 있기 때문이다.

승용자동차의 세금은 배기량 곱하기 cc당 세액으로 계산된다. 50년 동안 유지되고 있는 현행 자동차세 부과법은 비영업용 승용차의 경우 배기량 1,000cc 이하는 cc당 80원, 1,600cc 이하는 cc당 140원, 1,600cc 초과는 cc당 200원이다. 예를 들어 2,000cc차량을 구입하였다면 해당 세율은 200원이 된다. 즉, 2,000 × 200원 해서 40만원이 연간 납부해야 할 산출세액이다. 여기에다 30%의 지방교육세 12만원이 더해져서 총 납부해야 할 금액은 52만원이 된다. 이렇게 결정된 자동차세는 차량의 노후 정도에 따라 최고 50%까지 할인혜택이 있다.

지난 12일 자동차세를 배기량이 아닌 '차값'으로 부과하는 지방세법 개정안이 19대 국회에 이어 재발의되었다. 개정안에 의하면 자동차가액 1,500만원 이하는 자동차가액의 0.8%, 자동차가액 1,500만원 초과 3,000만원 이하는 12만원 + (1,500만원을 초과하는 금액의 1.4%), 자동차가액 3,000만원 초과 시에는 33만원 + (3,000만원을 초과하는

금액의 2%)를 세금으로 내야 한다.

개정안이 국회를 통과할 경우 자동차세는 모닝의 경우, 현행 7만 9,840원(998cc)에서 7만 3,200원으로, 아반떼의 경우는 22만 2,740원(1,591cc)에서 11만 2,800원으로 줄어든다. 2,700만원대 LF쏘나타 1,999cc도 현재 50만원대 자동차세가 20만원대로 낮아진다. 그랜저도 47만 1,800원(2,359cc)에서 33만 4,800원으로 세금이 줄어든다. 반면 LF쏘나타와 같은 50만원대 자동차세를 냈던 6,390만원대의 BMW 520D 1995cc는 100만원으로 자동차세가 오른다.

차값으로 자동차세 부과를 변경하면 소득상위 10% 가구는 세금을 지금보다 29만원을 더내고, 소득하위 10% 가구는 5만원을 적게 내는 것으로 분석됐다.

(2016년 9월)

3.3 실효세율

2016년 현재 우리나라의 소득세체계는 5단계의 세율구조로 낮은 소득구간에는 낮은 세율이 적용되다가 높은 소득구간으로 갈수록 높은 소득세율이 적용된다.

과세표준 1천 200만원 이하는 세율 6%, 1천 200만원~4천 600만원 이하는 세율 15%, 4천 600만원~8천 800만원 이하는 세율 24%, 8천 800만원~1억 5천만원 이하는 세율 35%, 1억 5천만원 초과는 세율 38%이다. 과세표준 4천 600만원~8천 800만원 이하는 세율 24%라는 것은 소득이 4천 600만원 이상이면 24%세율로 세금을 낸다는 것이 아니다. 과세표준 중 4천 600만원 초과분에 대해서만 24%의 세율이 적용된다는 것이다.

예를 들어 총급여가 1억원이고 과세표준이 7천만원인 근로자 A씨의 경우 최초 1천200만원까지는 세율 6%로 72만원. 그 다음 3천 400만원은 세율 15%로 510만원, 나머지 2천 400만원은 세율 24%로 576만원. 총 결정세액은 72만원 + 510만원 + 576만원으로 모두 1천 158만원이 된다. 위 A씨의 실효세율은 결정세액인 1천 158만원을 연봉 1억원으로 나누면 11.6%이다.

이렇게 전체 소득에 대해 실제로 내는 세금의 비율을 실효세율이라

한다. 결정세액은 모든 소득공제와 세액공제를 빼서 계산하기 때문에 고소득자가 전체 소득에서 내는 실질 세율은 약 15~16%이다.

한국의 세율은 그리 낮지 않지만, 여러 공제 때문에 실효세율은 다른 OECD 회원국보다 낮다. 고소득자뿐 아니라 중산층도 실효세율이 낮다. 연봉 5천만원인 직장인이 내는 평균 세금은 전체 소득의 3%를 넘지 않고 연봉 8천만원인 직장인의 실효세율도 5%를 조금 넘을 뿐이다.

근로소득세 결정세액을 알기 위해서는 먼저 과세표준을 계산해야 한다. 총급여액에서 근로소득공제금액을 뺀 것을 근로소득금액이라 한다. 여기에다 인적공제, 특별소득공제 등을 뺀 금액을 종합소득 과세표준이라 한다. 종합소득 과세표준에 해당 세율을 곱하면 산출세액이 된다. 여기에 세액감면금액과 세액공제금액을 뺀 것이 결정세액이다.

(2016년 5월)

3.4 조세피난처

최근 '파나마 페이퍼스'가 공개된 이후 푸틴 러시아 대통령, 시진핑 중국 국가주석 등 세계의 권력자들과 가족들이 이용했다는 조세피난처에 대한 관심이 높아지고 있다. 기업들은 조세회피라 주장하고 과세당국은 조세포탈이라 주장하는 조세피난처tax haven는 외국인의 투자를 유치할 목적으로 세율을 크게 낮추거나 아예 부과하지 않는 국가나 지역을 뜻한다. 케이맨제도, 영국령 버진아일랜드처럼 세금이 없는 곳이 대표적 조세피난처다. 파나마는 해외 소득에 대한 소득세가 없다. 이런 곳에 부자들이나 다국적 기업이 서류상 회사를 만들어 자금을 송금해 놓으면 세금을 낼 필요가 없다. 경제협력개발기구OECD 회원국 가운데 법인세율(12.5%)이 가장 낮은 아일랜드도 기업들이 찾아든다.

조세피난처의 또 다른 영업방식은 비밀주의다. 법인세율이 20%대로 높지만 금융 고객의 비밀을 보장해 주는 스위스나 룩셈부르크 등도 조세피난처로 거론된다. 고객 금융 정보를 외부에 알려주지 않기 때문에 부자들이나 다국적 기업들이 자국 세무 당국의 감시망을 피해 세금을 줄일 수 있기 때문이다.

보스턴컨설팅그룹에 따르면, 조세피난처 등 역외 금융센터에 모인 자금은 전 세계에 11조 달러(1경 2천 600조원 · 2014년)에 달한다. 중국

의 연간 국내총생산(10조 달러 · 2014년 기준)에 맞먹는 돈이다. '비밀계좌'를 만들어 주기로 유명한 스위스(2조 7천억 달러)에 가장 많다. 이어 아일랜드 등 다른 유럽의 조세피난처에 1조 4천억 달러, 파나마 · 케이맨제도 등 카리브해 지역에 1조 3천억 달러 쯤 있다.

재벌닷컴에 따르면 2014년 말 기준으로 국내 61개 대기업 그룹 가운데 33개 그룹이 237개 법인을 조세피난처에 세웠다. 한국은행 · 수출입은행 · 국세청 자료에 따르면 2007년부터 2014년까지 국내 대기업들이 조세피난처로 규정된 곳에 송금한 금액은 총 4천 324억 달러(약 496조원)였다. 같은 기간 조세피난처에서 국내로 들어온 금액은 2천 741억 달러(약 315조원)에 불과했다. 단순 계산하면 1천 583억 달러(약 182조원)의 순 유출이 발생한 셈이다.

(2016년 4월)

3.5 신용카드 수수료

신용카드 가맹점 수수료가 지난달 31일부터 인하됐다. 연 매출 2억원 이하인 영세 자영업자는 신용카드 수수료율이 1.5%에서 0.8%로, 체크카드 수수료율은 1.0%에서 0.5%로 낮아졌다. 또 2~3억원의 중소 가맹점은 신용카드 수수료율이 2.0%에서 1.3%로, 체크카드는 1.5%에서 1.0%로 됐다. 영세·중소 가맹점 모두 신용카드 수수료율은 0.7%포인트, 체크카드 수수료율은 0.5%포인트 인하된 것이다.

연매출 3~5억원의 일반가맹점은 신용카드 수수료율이 2.15%에서 1.85%로, 5~10억원은 2.22%에서 1.92%로 내려갔다. 하지만 연매출이 10억원 이상인 가맹점은 최고 수수료율만 2.7%에서 2.5%로 인하됐다. 이에 따라 전체 카드 가맹점의 81%(연매출 2억원 이하 75%, 2~3억원 6%)가 0.7%의 수수료율 인하 혜택을 받게 된다. 이번 조치로 영세가맹점은 연간 최대 140만원, 중소가맹점은 210만원씩 수수료 부담이 줄어들 전망이다.

개인택시 및 법인택시의 경우, 특별 가맹점으로 등록해 기존에 1.2~1.5%의 우대 수수료율을 적용받았기 때문에 이번 인하 대상에서는 제외됐다. 절감 비용은 가맹점 특성에 따라 다르다. 평소 신용카드 및 체크카드 결제 비율이 높은 가맹점일수록 절감 효과가 크고, 현금 결

제 비율이 높을수록 효과가 적다. 하지만 마트 · 약국 · 편의점 등 일부 업종은 오히려 수수료가 인상돼 반발이 나오고 있다. 카드사들은 일부 업종 중대형 가맹점에 지난달 말부터 카드 수수료를 인상하겠다고 통보했다. 금융 당국은 수수료 인하 방안의 주요 대상이 영세 및 중소 가맹점이라, 그 외 일반 가맹점은 원가를 기준으로 산정하는 과정에서 수수료가 올랐다는 설명이다. 금융위원회는 전체 가맹점 중 10% 가맹점의 수수료율이 인상된 것으로 추정하고 있다.

당정은 자영업자들을 대상으로 신용카드 수수료를 인하했음에도 불구하고 일부에서 수수료 인상이 이뤄지자 실태 점검에 나서기로 했다.

(2016년 2월)

3.6 수입차 세제혜택

수입차 롤스로이스의 팬텀모델은 5억 9천만원, 고스트모델은 4억 1천만원이지만 지난해 국내에서 모두 33대가 팔렸다. 지난해 판매된 2억원 이상 수입차 1천 353대 가운데 법인이나 개인사업자가 업무용으로 구입한 차량은 10대 중 9대꼴이다. 마세라티의 전년 대비 지난해 국내 판매 증가율은 468%에 달했다. 다음달 국내 출시를 앞둔 3억 5천만원짜리 페라리 488GTB 모델은 사전 예약자가 40명이 넘는다. 2억 9천 400만원 하는 마이바흐 S클래스는 지난 4월 초 출시된 지 두 달 만에 192대가 팔렸고 대기 고객만 150명 정도다. 신형 벤츠 S클래스(6세대)는 올 들어 5월까지 5천 189대가 팔려 이미 지난해 전체 판매대수(4천 602대)를 넘었다.

우리나라는 4~5천만원대인 BMW3 시리즈보다 6~7천만원대인 BMW5 시리즈가 더 잘 팔리는 시장이다. 또한 6~7천만원대인 벤츠 E클래스와 아우디 A6가 4~5천만 대인 C클래스, A4보다 각각 2.9배와 1.9배 정도 많이 팔렸다.

이런 현상은 우리나라가 개인사업자나 법인의 업무용 차량에 대해 차값은 물론 유지비까지 무한대로 경비처리를 해주고 있기 때문이라는 지적이 나온다. 즉, 과도한 세제 혜택이 국내 슈퍼카 호황을 만들어내는

숨은 일등공신이라는 것이다.

예를 들어 6천 400만원쯤 하는 BMW5 시리즈를 업무용으로 구입했다면 차값은 물론 취득세 등 각종 세금과 보험료 · 기름값 등 유지비까지 5년간 무한대로 비용 처리가 된다. 소득세 감면액만 차값의 70%인 4천 500만원이다. 여기에 각종 비용 처리로 인한 소득공제액이 1억 800만원이 된다.

경제정의실천시민연합은 이렇게 새 나가는 세금이 연간 2조 5천억원에 이른다고 밝혔다. 이런 이유로 선진국들은 업무용 차량의 비용 처리에 엄격한 규정과 한도액을 정해놓고 있다. 미국은 차량 값이 약 2천만원을 넘는 경우에 세금 공제를 차등적으로 적용한다. 일본은 차량 가격 약 2천 600만원까지만 업무용 차량으로 비용 처리를 해준다. 또 캐나다는 약 2천 700만원 미만, 호주는 약 5천만원 이하에서만 비용 처리가 가능하다.

(2015년 7월)

3.7 간이세액표

'다이내믹 부산' 제1614호(2014년 1월 29일)에서 봉급생활자가 매달 미리 납부한 세금과 정확한 결정세액 간 차액을 정산하는 연말정산에 대해 알아봤다. 그렇다면 매달 월급에서 대략 얼마만큼을 미리 떼는 것이 적당할까에 대한 의문이 들 수 있다. 여기에 대해 정부는 '간이세액표'라는 가이드라인을 제시했다. 원천징수는 직장에서 월급을 주기 전, 미리 일정액의 근로소득세를 징수해 정부와 지방자치단체에 내는 것을 말한다.

간이세액표는 소득수준별 · 가구 구성원 숫자별로 원천징수를 적용하는 기준으로 정부가 각 기업에 배포한다. 지난달 23일 기획재정부는 올해부터 원천징수하는 근로소득세 액수가 조정된 간이세액표를 발표했다. 원천징수하는 액수가 바뀌는 이유는 국회가 지난해 연말 세법을 개정했기 때문이다. 국회는 올해부터 연봉 5천 500만원 이하 근로소득자의 세 부담을 늘리지 않기로 결정했다. 반면 5천 500만원을 초과하는 경우에 대해서는 세금 부담을 높이기로 했다.

5천 500만원~7천만원인 경우 추가 부담액이 연간 2~3만원에 불과하지만 7천만원이 넘으면 부담이 크게 늘도록 설계됐다. 이번에 새로 나온 간이세액표는 국회 결정을 구체적으로 시행하는 기준이다.

새로운 간이세액표는 오는 21일부터 시행된다. 따라서 월급 받는 날이 21일 이후인 사람은 2월부터, 20일 이전인 사람은 3월부터 적용받는다. 이번 간이세액표에 따르면 세전 월급이 400만원이면 가구 구성원 수에 관계없이 월1만원씩 적게 떼이게 된다.

월급이 500만원이면 가구 구성원 수에 따라 작년과 같거나 1만원씩 적게 떼인다. 월급 600만원인 사람은 월급에서 미리 떼이는 소득세가 작년보다 매달 3만원씩 늘어난다. 월 1천만원을 받는 사람은 매달 10～11만원씩 더 부담해야 한다. 월급 2천만원인 사람(4인 가족 기준)은 작년엔 444만원씩 냈다가 올해는 483만원으로 39만원을 더 부담해야 한다. 연봉 2억 4천만원이면 연간으로는 468만원의 세금을 더 내게 됐다는 뜻이다.

(2014년 2월)

3.8 소득공제와 세액공제

소득공제 항목 가운데 큰 비중을 차지하는 신용카드 소득공제율이 현행 15%에서 내년부터 10%로 낮아질 예정이다. 연봉이 4천만원이고 연간 카드 사용액이 1천 500만원인 직장인의 경우 카드 소득공제액이 25만원 줄어들게 된다. 개정안은 내년 1월 1일 신용카드 사용액부터 적용될 것으로 보인다.

개정안에 따르면 현재는 신용카드 사용금액 중 연봉의 25%를 초과하는 금액의 15%를 소득공제해 주는데 내년에는 연봉의 25% 초과분의 10%만 공제해 준다. 1년에 4천만원을 벌면서 카드로 1천 500만원을 쓴 직장인은 올 연말정산 때 초과사용액 500만원에 15%의 공제율을 적용받아 75만원을 공제받는다. 하지만 내년 연말정산 때는 공제율이 10%로 낮아져 공제금액이 50만원으로 줄어든다.

소득공제란 과세의 대상이 되는 소득에서 공제액만큼 빼주는 것이다. 예를 들어 자신의 총 급여가 4천만원인데 소득공제금액이 2천만원이면 세금을 내는 기준이 되는 과세표준은 2천만원으로 줄어들게 된다.

반면, 세액공제는 내야 할 세금을 직접 깎아 주는 공제제도다. 총급여에서 소득공제를 제한 과세표준에 정해진 세율을 곱해 계산된 세금, 즉 종합소득산출세액에서 세액공제액을 뺀 금액만 내는 것이다.

예를 들어 연말정산 결과, 납부해야 할 소득세가 500만원인 사람이 200만원의 세액공제를 받게 되면 500만원에서 200만원을 차감한 300만원이 최종적으로 내야 될 결정세액이 된다. 올 7월 1일 현재 소득세율은 다음과 같다.

총급여액에서 각종 공제를 한 뒤 계산된 과세표준 1천 200만원 이하는 6%, 1천 200만원 초과～4천 600만원 이하는 72만원 + 1천200만원을 초과한 금액의 15%, 4천 600만원 초과～8천 800만원 이하는 582만원 + 4천 600만원을 초과하는 금액의 24%, 8천 800만원 초과～3억원 이하는 1천 590만원 + 8천 800만원을 초과한 금액의 35%, 3억원 초과는 9천 10만원 + 3억원을 초과하는 금액의 38%이다.

(2013년 8월)

3.9 지하경제

세원 추적이 어려운 현금 사용이 급증하고 있는 반면 그동안 지하경제를 줄이는 데 결정적 공헌을 해온 신용카드 사용액은 올 들어 크게 감소한 것으로 나타났다. 지난 23일 한국은행 통계에 따르면 올 1~5월 화폐 순발행액(발행액에서 환수액을 뺀 것)은 3조 7천 393억원으로 작년 같은 기간(1조 8천 705억원)보다 두 배 가량 늘었다. 화폐 순발행액은 시중에 현금 수요가 늘어나면 증가한다. 신용카드사용이 늘어나면서 화폐 순발행액은 감소 추세를 보이다가 지난 2009년 6월 5만원권이 발행되면서 다시 늘어났다.

고액권인 5만원권은 올 들어 더욱 가파른 속도로 수요가 늘고 있지만 상당수가 은행으로 돌아오지 않고 집, 금고 등에 보관되고 있는 것으로 나타났다. 올 1~5월 5만원권 환수율(발행된 돈 중 한국은행으로 되돌아온 돈의 비율)은 52.3%에 불과하다. 이는 작년 전체 5만원권 환수율 평균 61.7%보다 10%포인트 가까이 낮다. 고액권 현금 사용이 늘어나면 자영업자들이 현금 매출을 누락하는 사례가 늘어나고, 세원 포착이 어려운 지하경제가 커질 것으로 예측된다.

마약거래, 부동산투기, 탈세 등과 같이 조세당국에 신고되지 않고 은밀하게 이루어지는 경제활동을 '지하경제underground economy' 라고 부

른다. 탈세tax evasion는 불법적으로 조세의무를 기피하려는 행위를 뜻하는데 탈세 유형에는 다음의 방법들이 있다.

첫째, 이중장부를 사용해 조세부담을 줄이는 방법이다. 실제장부와 조세당국에 보고하는 장부를 따로 만들어 이윤이 적게 난 것처럼 허위 신고를 하는 것이다. 둘째, 소득을 보고할 때 아예 일부를 탈루시켜 보고하는 방법이 있다. 서비스산업에서의 봉사료 같은 항목을 아예 신고하지 않는 방법이다. 셋째, 현금거래를 통해 조세당국의 눈을 피하는 방법이 있다. 수표나 신용카드와는 달리 현금거래는 추적이 어렵다는 것을 이용하는 것이다. 마지막으로 생산자끼리 생산한 물건을 현물로 주고받음으로써 탈세하는 방법도 있다.

(2013년 6월)

3.10 재정절벽

'재정절벽fiscal cliff' 이란 미국의 여야 정치권이 올 연말 끝나는 각종 세금감면 정책에 대해 시한연장 합의에 실패하면 내년부터 가계와 기업의 세금부담이 급증하고 정부지출이 자동 삭감되는 것을 말한다. 정부의 재정지출이 갑작스럽게 줄거나 중단돼 경기가 급격히 위축되는 상황을 '절벽cliff' 에 빗대, 경제가 절벽에서 추락하듯이 큰 충격을 받는다는 의미이다. 이 용어는 2011년 10월 처음 사용됐고 버냉키 미연방준비제도이사회의장이 지난 2월 용어를 인용하면서 널리 퍼지기 시작했다.

미국의 국가채무는 올 10월 말 현재 16조 2천억 달러에 이른다. 이 같은 엄청난 규모의 부채를 줄이기 위해 지난해 미 의회에서 민주당과 공화당이 정부지출을 감축하는 재정 건전화 방안을 마련해 시행하기로 합의했다. 이 재정 건전화 방안을 내년부터 시행하면 2021년까지 매년 연방정부 예산을 1천억 달러 이상 자동 삭감하고, 향후 10년간 재정적자를 1조 2천억 달러 줄여야 한다. 이렇게 연방정부 지출이 줄어들면 정부 재정 지원에 크게 의존해 온 미국경제가 큰 타격을 받을 것으로 우려하고 있다. 거기에다 내년부터는 미국이 그동안 시행해 온 각종 경기부양책과 부시 행정부 시절부터 시행해 온 소득세와 자본이득세에 대한 감세혜택이 종료되는 것이 가장 큰 문제다.

재정절벽 문제를 해결하지 않을 경우 내년도 미국의 경제성장률이 크게 둔화될 것으로 진망하고 있다. 국제통화기금IMF은 미국이 재정절벽을 피하지 못하면 2013년 상반기 경제성장률이 마이너스로 떨어지고 연간 성장률은 1%를 넘지 못할 것이라고 경고한 바 있다. 더 비관적인 전망은 재정절벽이 현실화될 경우 미국의 국내총생산이 0.5% 감소하고 200만 개의 일자리가 줄어들어 실업률이 다시 9%대(10월 현재 7.9%)로 높아진다는 것이다.

미국의 재정절벽 문제는 올 연말까지 미 의회가 세금감면 시한을 연장하거나 관련 법안을 개정해야 하는데 민주당과 공화당의 정치적 대립으로 합의가 쉽지 않다는 것이 문제이다.

(2012년 12월)

3.11 래퍼곡선

정부가 2009~2010년 소득세율과 법인세율을 내렸지만, 올해 상반기(1~6월) 소득세와 법인세 납부액이 증가했다. 기획재정부에 따르면 올 상반기 정부의 소득세 수입은 20조 8천억원으로 지난해 같은 기간 18조 1천억원보다 14.9% 늘었다. 법인세 수입은 24조 9천억원으로 지난해 같은 기간 19조 4천억원보다 28.4% 급증했다.

소득세수와 법인세수는 2008년 글로벌 금융 위기로 인해 2009년부터 세율이 낮아지면서 부진을 면치 못했다. 2009년의 경우 소득세수와 법인세수가 각각 전년보다 5.4%, 9.0% 감소했다. 2010년엔 각각 전년보다 8.8%, 5.7% 증가해 그해의 명목 경제성장률(실질 성장률에 물가 상승률을 합한 것)인 9.1%에는 못 미쳤다. 정부는 과세표준 8천 800만원 이하 소득구간에 대해 2009~2010년에 걸쳐 소득세율을 2%포인트 낮췄고, 법인세율은 2009년에 과세표준 2억원 초과 구간에 대해 3%포인트를 낮췄다. 이에 따라 감세가 성장을 촉진해 세수 증가로 이어지는 감세의 선순환 효과가 나타난 것이 아니냐는 분석이 나오고 있다.

이에 대해 반론을 제기하는 쪽에서는 세수 증가에 감세의 영향이 있다는 뚜렷한 증거를 발견하지 못했으며 오히려 물가 상승으로 명목상의 기업 이익과 소득이 증가해서 세수가 늘어났다고 주장한다.

세율과 세수 사이의 관계에 대해 래퍼곡선Laffer curve 이론이 있다. 래퍼곡선은 미국의 경제학자 래퍼 교수가 주장한 세수와 세율 사이의 역설적 관계를 나타낸 곡선으로 그의 이름을 따 명명했다.

일반적으로는 세율이 높아질수록 세수가 늘어나는 게 보통인데, 래퍼 교수에 따르면 세율이 일정 수준(최적 조세율)을 넘으면 반대로 세수가 줄어드는 현상이 나타난다고 한다. 세율이 지나치게 올라가면 근로 의욕 감소 등으로 세원 자체가 줄어들기 때문이다. 극단적으로 세율이 100%면 아무도 일하려고 하지 않을 것이다. 그러므로 이때는 세율을 낮춤으로써 세수를 증가시킬 수 있다는 것이다.

(2011년 9월)

3.12 국가 간의 조세

뉴브리지 캐피털이라는 미국계 사모펀드는 제일은행을 매각하고 1조원 이상의 차익을 남겼음에도 불구하고 한 푼의 세금도 내지 않아서 말썽이다. 이는 조세피난처를 이용한 전형적인 조세회피 사례이다. 국가 간의 자본 이동이 원활해지면서 국제적으로 투자된 자본에 대해서 어느 곳에 세금을 낼 것인가에 대해서 명확한 기준이 있어야 한다. 그렇지 않으면 자본이 수출된 나라와 자본이 투자된 나라 두 곳에 세금을 내야 하는 이중과세가 발생하기 때문이다. 이를 방지하기 위한 원칙은 기본적으로는 두 가지이다.

첫 번째는 거주지 원칙residence principle인데 이는 세계 어느 나라에 투자하더라도 세금은 자본을 투자한 사람이 거주하고 있는 본국에 내는 방법이다.

두 번째는 원천지 원칙source principle이다. 이 원칙에 의하면 자본 투자가의 국적에 관계없이 자본이 투자된 나라에 세금을 납부하는 방식이다. 요사이 국제적으로 맺어지고 있는 이중과세 방지 협약에는 거주지 원칙이 주로 이용되고 있다.

최근 말썽이 되고 있는 뉴브리지 캐피털회사는 말레이시아에 있는 라부안이란 곳에 형식적으로 적을 두고 있다고 한다. 그러나 이곳은 말

레이시아 정부가 국제자본을 끌어들이기 위해 세금을 받지 않는 지역, 즉 조세회피지역이다. 뉴브리지 캐피털회사는 이중과세 방지 협정에 따라 말레이시아에 세금을 내겠다고 하고는 우리나라에는 한 푼의 세금도 납부하지 않고 또 다시 본국에서는 세금을 면제받는 일이 발생한 것이다.

이를 방지하기 위해서 정부는 라부안을 이중과세면제지역에서 제외시켜서 실질과세원칙에 따라 우리나라가 과세권 행사를 할 수 있도록 해야 할 것이다.

(2005년 6월)

3.13 좋은 조세제도

수도권에서 아파트 건물분 재산세에 대한 불만이 확산되고 있다. 주민들이 올해 부과된 재산세에 반발하는 이유는 형평성 때문이다. 매매가 및 입주연도가 비슷한데도 지역에 따라 부과된 재산세에 차이가 나서 빚어진 일들이다. 비싼 아파트에 세금을 더 물게 하겠다는 당초 개정 취지가 실현되지 않고 있다.

행정자치부가 올해부터 국세청 기준시가에 근거하는 새로운 재산세 산출 방식을 도입했지만 아직도 형평성에 문제가 있다. 재산세는 신축건물기준가액(서울 등 5개 시 · 도 m^2당 17만 5천원, 나머지 11개 시 · 도 18만원)에 구조(철근 · 철골 여부), 용도(상업용 · 주택용 등), 위치지수(공시지가 기준으로 26등급으로 나눈 것). 잔가율(건물이 지어진 해를 기준으로 해마다 1.3%씩 과표를 낮춤), 가감산율(국세청 기준시가를 전용면적으로 나눈 뒤 m^2당 가격에 따라 과표를 달리 매기는 것), 면적 등을 종합적으로 계산해 산출한다. 이를 기준으로 했을 때 나타나는 문제점으로는 시세가 비슷하더라도 새 아파트와 오래된 아파트 간에, 철골로 지은 아파트와 철근으로 지은 아파트 간에 세금의 차이가 난다.

바람직한 조세제도의 성격에는 조세부담의 공평한 분배, 경제적 효율성, 행정적 단순성, 신축성, 정치적 책임성, 확실성 등이 있다.

공평한 조세부담의 원칙으로는 편익원칙과 능력원칙이 있다. 편익원칙은 각자가 정부서비스로부터 받는 편익의 정도가 조세부담 분배의 기초가 되어야 한다는 생각이다. 능력원칙은 경제적 능력에 비례해서 세금을 납부한다는 이론인데, 이는 동일한 경제적 능력의 소유자는 동일한 세금의 부담을 져야 한다는 수평적 공평성과 더 큰 경제적 능력을 보유하고 있는 사람은 더 많은 세금을 내도록 해야 한다는 수직적 공평성으로 나뉜다.

(2004년 7월)

제4장

환율

4.1 이자율과 환율

한국은행 금융통화위원회가 지난 16일 기준금리를 4개월 만에 연 2.25%에서 2.50%로 인상함에 따라 원 · 달러 환율의 향방에 관심이 쏠리고 있다. 그동안 한은이 인플레이션의 징후가 나타난 것을 알면서도 금리를 선뜻 올리지 못한 주요인이 환율이었기 때문이다. 금리를 올리면 원 · 달러 환율 하락세(원화가치는 상승세)가 심화되어 한국의 수출 경쟁력이 약화될 수 있다는 게 한은의 고민이었다.

이번 금리 인상은 환율 문제보다 국내 문제인 '물가'에 더 신경 쓰겠다는 의미로 풀이된다. 하지만 이번 조치로 당장 환율 하락 압력이 커지지는 않을 것으로 예상된다. 주요 20개국G20 서울 정상회의를 통해 확산 일로에 있던 환율전쟁의 불길이 어느 정도 잡힐 것으로 보이고, 정부가 자본 유출입 규제 방안을 내놓으려는 시점에서 금리 인상이 이뤄졌기 때문이다.

국내 이자율이 환율에 미치는 영향은 다음의 과정을 통해서다. 우선 국내 이자율이 상승하면 소비 수요 및 투자 수요가 하락한다. 이는 상품수입의 감소로 이어지며 따라서 외환 수요를 감소시킨다. 외환 수요 감소는 외환수요곡선을 왼쪽으로 이동시켜 환율이 하락하게 된다. 이 밖에 환율에 영향을 미치는 요인을 살펴보면 다음과 같다.

첫째, 국내 물가가 상승하면 수출품 가격이 상승하고 이는 수출 감소로 이어지면서 외환공급량을 감소시켜 환율을 상승하게 만든다. 둘째, 다른 나라의 물가가 하락하면 국내 물가가 상승하는 경로를 따라 환율이 상승하게 된다. 셋째, 우리나라의 경기가 상승하면 소비 및 투자 수요가 증가해 수입이 늘어나게 되고 이는 외환 수요의 증가로 이어져 환율이 상승하게 된다. 넷째, 해외경기가 좋아지면 수출 수요가 증가하고 이는 외환 공급의 증가로 이어져 환율이 하락하게 된다. 다섯째, 확대통화정책은 이자율을 하락시켜 환율을 상승하게 한다. 여섯째, 확대재정정책은 이자율을 상승시켜 환율을 하락시킨다.

(2010년 11월)

4.2 환율전쟁

세계경제가 환율전쟁currency war에 돌입했다. 선진국들은 경기부양과 자국 통화가치의 상승을 막기 위해 돈 찍어내기 경쟁에 돌입했다. 중국이 위안화 절상 압력에 버티기로 나오면서 촉발된 환율갈등은 타협점을 찾기 힘들 정도로 고조되고 있다. 지난 9일 열렸던 한국, 미국, 중국, 일본 등 24개국 재무장관이 참석한 국제통화금융위원회도 환율전쟁을 막기 위한 합의를 도출하지 못했다.

미국과 일본 등에서 저금리로부터 이탈한 글로벌 자금들이 국내로 밀려옴에 따라 지난 6일 코스피 지수가 2년 10개월 만에 1천 900선을 돌파했다. 원 · 달러 환율도 지난 5월 이후 가장 낮은 1천 118원으로 마감됐다. 이런 상황에서 한국을 포함한 신흥국들도 자국 통화가치의 지나친 상승을 막기 위해 금융시장에 뛰어들면서 환율전쟁은 전 세계적으로 확산되고 있다.

선진국들이 유동성을 대거 공급하는 것은 화폐가치를 낮춰 수출 경쟁력을 높이기 위한 것이다. 금융위기를 극복하기 위해 금리를 공격적으로 낮추고 재정을 동원해 시중에 막대한 돈을 풀어도 별 효과가 없자 경기부양을 위해 수출에 전념하는 것이다.

이럴 경우 원화 가치는 더욱 상승할 수밖에 없어 수출 중심의 한국

경제에 큰 타격을 줄 것으로 보인다. 환율이 하락하면(원화가치 상승) 수출이 감소하는 것은 다음과 같이 설명할 수 있다.

대미 환율이 1달러당 1천 200원에서 1천 100원으로 하락하면, 우리나라의 대미 수출품 가격은 예전보다 비싸지게 된다.

예를 들면 2천만원짜리 자동차를 미국 사람들이 환율 하락 이전에는 1만 6천 666달러에 구입할 수 있었으나, 환율 하락 이후에는 1만 8천 181달러를 지불해야 하기 때문에 수출품의 가격이 이전보다 높아져 수출이 줄어든다. 한 자동차회사는 환율이 10원씩 떨어질 때마다 2천억원씩 손해를 본다고 발표했다.

(2010년 10월)

4.3 빅맥지수

'와퍼'가 버거킹의 대표 상품이듯이 '빅맥'은 맥도날드에서 판매하는 햄버거 중에 가장 인기 있는 제품이다. 영국의 경제전문지 이코노미스트가 발표한 '빅맥지수Big Mac Index'는 전 세계에서 팔리는 맥도날드의 간판 햄버거인 빅맥의 크기나 품질이 일정하다는 데 착안해 모든 나라에서 같은 가격에 팔려야 한다는 가정을 세우고 그 나라의 환율이 적정한지를 따지는 지수다.

즉, 환율은 각국 통화의 구매력에 따라 결정된다는 구매력 평가설과 동일 제품의 가치는 세계 어디서나 같다는 일물일가의 법칙을 전제로 한 산출방식이다. 이코노미스트지는 1986년부터 빅맥지수를 발표하고 있는데 올해 자료를 보면 스위스가 5.21달러로 미국의 3.10달러보다 68%나 비쌌다.

이어 덴마크 4.77달러, 스웨덴 4.53달러, 유로 통화권 지역 3.77달러, 영국 3.65달러 순으로 유럽 물가가 비싼 편이었다. 한국은 2.62달러로 32개국 중 14위였다. 빅맥지수는 무역장벽, 세금, 월세, 인건비 등 다른 요인이 물가와 환율에 영향을 미칠 수 있기 때문에 이 자체로만 환율을 평가하는 데는 한계가 있다.

빅맥지수와 유사한 지수에는 세계 32개 도시의 김치찌개 값을 조사

한 '김치찌개 지수'가 있다. 스타벅스 커피 가운데 가장 많이 팔리는 '카페라테 지수'도 있고, 아시안 월스트리트저널이 사용한 삼성의 '애니콜 지수'도 있다. 또 빅맥 햄버거를 사기 위해서 노동자들이 몇 시간 노동을 하는가를 살펴보는 '빅맥 노동지수'도 있다. 전 세계 평균은 35분이고 서울은 29분, 나이로비는 1시간 30분, 미국 LA에서는 13분을 노동하면 빅맥을 살 수 있는 돈을 벌 수 있다.

(2006년 9월)

4.4 구매력 평가

구매력 평가Purchasing Power Parity ; PPP 이론은 환율이 각국 화폐의 구매력, 즉 물가수준의 비율에 의해서 결정된다는 이론이다. 두 화폐 간의 환율은 두 국가의 물가수준의 변화를 반영하기 위해 조정된다고 설명한다.

즉, 국내가격은 해외가격에 환율을 곱하면 구할 수 있다. 예를 들어 미화 1달러의 환율은 1천원이고, 미국 시장에서 바나나 1kg의 가격은 3달러라고 할 때 미국과 우리나라 사이에 관세 없는 자유무역이 이루어진다고 하면 우리나라 시장에서 바나나 가격은 3천원이 된다는 것이다.

만일 미국산 바나나 가격은 3달러 그대로인데 한국산 바나나 가격이 3천 300원으로 10% 상승한다면 환율은 달러당 1천 100원으로 올라야 한다는 것이다. 구매력 평가 이론에 의하면 우리나라의 물가수준이 미국의 물가수준에 비해 상대적으로 10% 상승하면 달러는 10% 절상할 것이라고 설명한다.

오는 2015년 세계 경제에서 한국이 차지하는 위상에 대한 흥미로운 연구결과가 발표되었다. 영국 셰필드대와 미국 미시간대 연구팀이 각국의 경제력 크기를 지도에 표시한 '세계 경제력 지도'를 작성했다. 이에 따르면 구매력 평가 기준 1인당 GDP국내총생산 측면에서 한국은 세계

6위(3만 8천 249달러)에 오를 것으로 전망했다.

한국이 미국(7위 · 3만 8천 63달러)과 일본(9위 · 3만 5천 694달러)을 앞서게 된다는 것이다. 1975년부터 2002년까지 27년간 우리나라의 1인당 GDP는 1만 3천 523달러(약 1천 300만원)나 성장했다. 일본(1만 3천 468달러)보다 앞선 세계 8위 수준이다. 하지만 '아시아 4룡'으로 불렸던 홍콩(5위)과 싱가포르(6위)에는 뒤졌다.

이 기간 동안 부가 가장 많이 증가한 나라는 룩셈부르크(3만 9천 968달러)였다. 이 연구 결과는 우리나라 경제력이 약간 과대 포장된 측면이 없지 않아 보이지만 실제 현실로 나타나 주기를 기원한다.

(2006년 8월)

4.5 불규칙보행가설

요즘처럼 원 · 달러 환율이 이처럼 하락할 줄 미리 알았더라면 수출기업이 고생하는 일도 없을 것이고 발 빠른 사람은 미리 외환을 사고 팔아서 억만장자가 될 수도 있을 것이다. 여러 개의 환율 예측모형이 나와 있지만 어떤 모형도 정확히 환율변동을 예측할 수 없다는 것이 여태까지의 정설이다.

미래의 환율은 술 취한 사람의 비틀거리는 걸음과 같아서 오르내리는 방향을 전혀 예측할 수 없다는 가설을 불규칙보행가설random walk hypothesis이라 한다. 이 가설이 적용되는 것에는 환율 이외에 주식가격이 있다.

교과서에 나오는 원론적인 환율을 변동시키는 요인으로는 다음의 여섯 가지를 든다.

첫째, 우리나라의 물가가 오르면 수출품가격이 비싸지고 이는 외국사람들의 우리나라 상품에 대한 수요의 감소로 이어지며 결국에는 수출이 감소한다. 수출의 감소는 외환 공급의 감소로 이어지며 이는 환율을 상승시키게 된다. 또한 우리나라의 물가가 오르면 수입품 가격이 상대적으로 싸지므로 수입품에 대한 수요가 증가하고 이는 외환 수요의 증가로 이어진다. 이 또한 환율을 상승시키는 요인이 된다. 둘째, 다른 나

라의 물가가 내리면 우리나라 수출품이 해외시장에서 상대적으로 비싸지고, 수입품이 국내시장에서 상대적으로 싸진다. 따라서 우리나라 물가가 상승한 것과 똑같이 환율이 상승한다. 셋째는 국내외 경기인데 우리나라 경기가 호황이면 환율이 오르고 해외 경기가 좋으면 우리나라 상품에 대한 수출 수요가 증가하므로 환율이 하락한다. 넷째, 국내 이자율이 오르면 환율이 하락한다. 다섯째는 확대통화정책은 이자율을 떨어뜨리고 환율을 상승시킨다. 확대재정정책은 이자율을 상승시키고 환율은 하락한다. 마지막으로 사람들의 환율변동에 대한 예상도 실제 환율에 중요한 영향을 미친다.

(2004년 12월)

제5장

실업과 인플레이션

5.1 청년실업

2016년 연간 실업률은 전년보다 0.1%포인트 상승한 3.7%로 실업자 수가 역대 첫 100만 명을 돌파했다. 지난 11일 통계청이 발표한 '2016년 12월 및 연간 고용동향'에 따르면 지난해 우리나라 실업자는 101만 2천 명으로 전년보다 3만 6천 명(3.6%) 늘었다. 실업자 수가 100만 명을 돌파한 것은 관련 통계를 집계하기 시작한 2000년 이후 처음이다.

지난해 청년(15～29세)실업률은 전년보다 0.6%포인트 증가한 9.8%로 역대 최고치를 기록했다. 청년층 실업인구가 전체 실업자의 40%를 넘어선 43만 5천 명으로 역대 최고로 많았다. 청년실업률은 7～8%대를 유지해 왔으나 2014년 9.0%를 넘어서면서 2015년 9.2%, 지난해 9.8%로 집계됐다. 이 추세가 이어지면 올해는 10%를 넘을 가능성이 크다. 지난해 우리나라 15세 이상 인구 4천 341만 6천 명 중 경제활동인구는 2천 724만 7천 명으로 전년보다 33만 5천 명(1.2%) 증가했다.

경제활동인구는 만 15세 이상 인구 중 조사대상 기간 동안에 상품이나 서비스를 생산하기 위해 실제로 수입이 있는 일을 한 취업자와 일을 하지는 않았으나 구직활동을 한 실업자의 합계다. 실업률은 실업자

를 경제활동인구로 나눈 비율로 계산한다.

비경제활동인구는 1천 616만 9천 명으로 집계됐다. 비경제활동인구는 15세 이상 인구 중 조사대상기간에 취업도 실업도 아닌 상태에 있는 자를 의미한다. 비경제활동인구 중 취업준비생은 62만 8천 명, 구직단념자는 44만 8천 명으로 나타났다. 비경제활동인구는 실업자 계산에서 제외되기 때문에 실제 실업 상태에 놓인 청년은 더 많을 것이라고 추정된다.

통계청이 발표한 공식 통계는 지난 4주간 구직 활동을 했고 즉시 취업이 가능한 청년만을 실업자로 본다. 반면 국제노동기구ILO 기준에 따라 '체감 실업률'을 구하면 지난해 우리나라 청년 실업률은 22%까지 높아진다. 여기엔 주당 근로시간이 36시간 미만으로 추가로 더 일하고 싶은 청년과 구직 활동을 하진 않았지만 취업을 원하는 청년 등이 포함된다.

(2017년 1월)

5.2 고용률

정부는 지난 10월 실업률을 2.9%라고 발표했다. 이는 국민이 느끼는 고용시장의 체감실업률과는 차이가 있다. 그 이유는 통계청의 실업률 집계 방식 때문이다. 통계청은 조사 직전 1주일 동안 일을 하지 못했고, 적극적으로 구직 활동을 했고, 일자리가 있으면 무조건 일할 의사가 있는 15세 이상 인구만 실업자로 간주한다. 이 때문에 구직신청을 하지 않고 학원 · 고시원 등에서 취업을 준비하는 사람은 정부 집계 실업자에서 빠지게 된다.

이처럼 기존의 실업자 통계에는 포함되지 않지만 사실상의 실업자를 광범위하게 포함하는 '취업애로계층'을 지표로 사용해야 한다는 논란이 일고 있다. 취업애로계층이란 정부가 매달 발표하는 실업자 숫자에다, 비경제활동인구 중 취업 의사와 취업능력이 있는 사람을 더하고, 주당 36시간 미만 단시간 근로자 중 추가로 취업을 희망하는 사람을 더한 개념이다. 2009년 기준으로 취업애로계층은 182만 명이고, 이는 당시 통계청이 발표한 공식 실업자인 89만 명의 2배가 넘는다.

현재의 비현실적인 실업률보다는 고용률이 차라리 고용시장을 더 잘 반영한다는 주장이 제기되고 있다. 고용률은 15~64세 인구 가운데 얼마나 많은 사람이 일하는지를 보여주는 지표다. 지난해 우리나라의

고용률은 63.3%였다. 이는 일을 하고 있지 않는 사람이 36.7%라는 뜻이다. 총인구 중 15세 이상 인구를 '생산가능인구' 라 하고, 생산가능인구는 일할 의사와 능력을 가진 '경제활동인구' 와 일할 능력이 없는 노약자 · 환자 · 전업학생 · 전업주부 등의 '비경제활동인구' 로 나뉜다.

경제활동인구는 취업자와 실업자로 구분한다. 실업자가 경제활동인구에서 차지하는 비율을 '실업률' 이라 하고, 취업자가 생산가능인구에서 차지하는 비율을 '고용률' 이라 한다.

(2011년 11월)

5.3 기대인플레이션

연초부터 국제유가와 농수산물 가격 상승으로 시작된 공산품과 농수산품의 물가 상승 행진이 인플레이션 기대심리를 촉발하면서 개인 서비스요금까지 일제히 큰 폭으로 상승하고 있다. 농수산품 가격은 하락하고 있지만 자영업자들은 앞으로 물가가 계속 상승할 것으로 예상하고 미리 요금을 올려 물가 상승 국면이 장기화할 조짐이 나타나고 있는 것이다.

이달부터 물가가 안정될 것이라는 정부 예상과 달리 소비자물가는 올 하반기에 5% 이상 계속 상승할 것으로 우려된다. 실제 한국노총은 올해 임금인상률을 9.4% 이상으로 제시하기도 했다. 기업이나 자영업자가 제품가격과 서비스요금을 결정할 때 큰 영향을 미치는 기대물가 상승률은 지난달에는 3.9%로 상승해 21개월 만에 최고치를 기록했다. 정부가 전기료와 도시가스비 등 공공요금 가격인상을 억제하면서 가격인상 요인이 낮은데도 인플레이션 기대심리로 가격을 올리는 곳이 크게 늘고 있는 것이다.

사람들이 예상하고 있는 미래의 인플레이션을 '기대인플레이션 expected inflation'이라 한다. 물가가 장기간 상승하는 인플레이션이 지속되면 경제주체들은 앞으로도 물가가 계속 상승할 것이라는 예상을 하

게 된다. 기대인플레이션은 경제주체들의 의사결정에 상당한 영향을 미친다.

예를 들어 근로자들은 현재나 과거의 물가 상승률보다는 기대인플레이션을 근거로 임금인상을 요구함으로써 미래의 실질임금을 유지하려 하는 것이 일반적이다.

인플레이션이 예상되면 사람들은 화폐를 보유하는 기간을 짧게 하고 은행에 출입하는 횟수를 늘려 시간을 낭비하고 구두창을 마모시킨다. 이를 인플레이션의 '구두창비용shoeleather cost'이라 한다. 기업들은 가격이 오를 때마다 제품의 가격표를 바꾸고 고객에게 가격인상을 알리는데 이를 '차림표비용menu cost'이라 한다.

(2011년 4월)

5.4 차이나플레이션

중국 중앙은행인 런민人民은행이 물가 상승의 우려 때문에 지급준비율을 또다시 올렸다. 지급준비율 인상은 지난달에만 2번째, 올 들어 5번째다. 런민은행은 지난달 29일에는 금융기관에 대한 지준율을 0.5%포인트 인상했다.

중국은 지난 10월 19일에도 자산시장 과열을 막기 위해 34개월 만에 기준금리를 0.25%포인트 인상했고, 지난달 10일에도 지준율을 0.5%포인트 올린 바 있다. 중국의 잇단 금융시장 긴축 조치는 당국이 현재의 물가 상승 속도를 매우 심각하게 보고 있다는 뜻으로 해석된다.

중국은 9월 소비자물가 상승률이 3.6%, 10월 상승률이 4.4%로 관리 수준인 3%를 크게 웃돌면서 인플레이션에 비상이 걸렸다. 중국은 인플레이션에 대한 좋지 않은 기억이 있다. 물가가 오르면 가처분소득에서 소비할 여력이 줄어들고, 기업은 비용이 늘어나 수익성이 악화돼 고용을 하지 않게 되어 민심이 흉흉해지곤 했다.

물가 상승 압력이 높아지면서 중국의 인플레이션이 글로벌경제를 흔들 가능성이 높아지고 있다. 지리적으로 중국에 가깝고 경제적 연관성이 높은 한국이 미국 등 선진국보다 '차이나플레이션chinaflation · 차이나+인플레이션'의 영향을 더 받을 가능성이 높다. 중국의 물가가 치솟는 이

유는 소비자물가에서 차지하는 비중이 가장 높은 식료품 가격 상승 때문이다.

차이나플레이션 확산 경로는 크게 두 가지로 볼 수 있다. 중국 내 물가인상이 임금인상과 제조원가를 상승시키면서 수출품 가격이 올라갈 수 있다.

또 중국이 물가인상 압력을 억제하기 위해 금리를 올리면 위안화가 절상 압력을 받게 되고, 이는 달러로 표시된 중국제품의 수출 물가를 올리는 역할을 한다. 중국의 수출 물가가 상승하면 이를 수입하는 다른 나라의 수입 물가가 상승하고 이것이 소비자물가 상승에 영향을 미치게 된다.

(2010년 12월)

5.5 인플레이션

국내 물가가 심상찮게 상승하고 있다. 지난달 소비자물가는 전월 대비 1.1% 올랐다. 이는 2003년 3월 1.2% 상승 이후 7년 6개월 만에 최대다. 지난달 생산자물가지수 상승률은 전월 대비 16.0%로 1965년 이래 가장 높은 수치다. 뿐만 아니라 전월 대비 상승률이 두 자릿수를 기록한 것은 이번이 처음이다.

생산자 물가가 빠르게 상승하고, 그런 상승이 시차를 두고 소비자 물가에 어느 정도 반영되는 점을 고려하면 올해 말과 내년 초에는 물가 상승이 지금보다 더 클 것이라는 예상이다. 국제 원자재 가격 오름세도 가파르다. 천재지변 등과 맞물려 쌀과 설탕, 옥수수, 콩, 밀 등의 식료품 가격 상승은 이미 잘 알려진 바 있다. 원유와 각종 비철금속 등을 포함한 원자재의 국제가격도 일시적인 등락이 있지만 전반적인 추세는 상승세가 분명하다.

이러한 국내 인플레이션과 세계 인플레이션의 원인은 크게 두 가지다. 첫째 국내 인플레이션과 세계 인플레이션은 국내 통화와 국제 통화의 공급 증대가 원인이다. 한국을 포함한 미국과 일본, EU 등은 기준금리를 역사상 최저 수준으로 낮추어 통화 공급을 증대해 왔다. 게다가 미국은 통화 공급 증대의 효과가 미약하다고 판단한 때문인지 향후 통화

공급을 더 늘릴 것을 고려하고 있다. 일본도 자국 화폐의 가치 절상을 막기 위해 통화 공급을 증대할 것이라고 한다. 한국은행도 기준금리를 역사상 최저인 2%에서 2.25%로 인상한 뒤 지난주 금리를 2.25%로 동결했다.

두 번째 원인은 각국 정부가 경기부양을 목적으로 한 천문학적인 재정지출, 특히 적자재정 편성이다. 적자재정의 재원을 마련하는 가장 대표적인 방법은 화폐를 발행하는 것이고, 이는 결국 화폐 공급의 증대를 가져온다.

인플레이션inflation에 대한 대책으로는 한국은행이 기준금리를 인상해 화폐 공급의 증가 규모를 줄여 총화폐공급량을 예전보다 적게 증가하게 해야 한다. 소위 '출구전략'을 하루 빨리 시행하는 것이다.

(2010년 10월)

5.6 청년인턴 제도

청년실업 해소를 위한 각종 방안들이 동시다발로 진행되고 있다. 먼저 정부가 청년일자리 확보를 위해 도입한 '행정인턴' 제도가 시행된 지 한 달째다. 정부와 지자체는 지난달 15일 1천 208억원을 들여 중앙행정기관 5천 200명, 지방자치단체 5천 640명 등 1만 840명의 청년인턴을 선발했다. 행정인턴은 주 40시간씩 10개월을 근무하며 월 98만 8천원을 받는다.

다음으로 올해 노동부가 시행하는 '중소기업 청년인턴사업'은 15세 이상 29세 미만의 미취업 청년이 중소기업에 인턴으로 입사할 경우 월 급여의 50%를 6개월 이내 범위에서 최저 50만원부터 최고 80만원까지 지원해 주는 사업. 정규직으로 전환할 때는 추가로 6개월 더 지원받을 수 있다.

이 사업은 노동부에서 직접 운영하는 것이 아니라 운영기관을 뽑아 추진 중에 있으며, 지난 9일에 운영기관을 선발해 발표했다. 대한상의, 중소기업 중앙회, 동의대를 비롯한 여타 대학 등이 운영기관으로 선발되어 전국적으로 약 2만 5천 명의 인턴을 현재 모집하고 있다.

대상기업은 우선지원대상기업(제조업 500인 이하), 광업 · 건설업 · 운수창고 및 통신업(300인 이하), 기타산업(100인 이하)으로서 상시근로

자 5인 이상 사업장이 해당된다.

이 외에도 교육과학기술부는 청년실업 해소를 위해 기초연구사업을 수행하는 50여 개 대학에서 청년인턴 3천 600명을 채용하는 '기초연구사업 청년인턴제'를 시행할 계획이다. 이 사업에는 285억원을 투자할 예정이다.

기초연구사업 청년인턴으로 채용되면 사업규모와 연구기간에 따라 월 보수 110만원(주 40시간 기준)을 받고 6~10개월간 근무하게 된다. 모집은 상반기(3월)와 하반기(9월)에 있을 예정. 일간지 게재나 공시 등을 통해 주관기관별로 일괄적으로 접수한 후 면접 등을 거쳐 최종 확정된다.

(2009년 2월)

5.7 디플레이션 공포

지난달 중순 이후 미국에서부터 시작된 디플레이션에 대한 공포가 일본과 한국에까지 영향을 미칠 가능성에 대한 논쟁이 벌어지고 있다. 물가가 지속적으로 상승하는 현상인 인플레이션과는 반대로 경기침체 속에 물가가 지속적으로 하락하는 현상을 디플레이션deflation이라 한다. 인플레이션이 주로 초과 수요에 의해 발생한다면 디플레이션은 주로 초과 공급에 의해 발생한다.

역사적으로 보면 1896년의 미국의 물가는 1880년에 비해 23%가 낮은 디플레이션을 경험했다. 일본은 1990년대 초 이후 10년 이상의 긴 디플레이션을 겪었고 홍콩도 1997년 아시아 금융위기 후유증으로 2004년까지 디플레이션을 경험했다.

디플레이션이 경제에 나쁜 영향을 미치는 이유는 크게 네 가지로 요약할 수 있다.

첫째, 물가가 계속 떨어질 것으로 전망될 경우 사람들은 소비를 미루게 되고 이런 지출의 연기는 경기 하강과 물가 하락을 더욱 가속화시킨다. 또 상품 가격 하락으로 수익성이 악화될 것으로 예상하는 기업들은 투자를 줄이게 된다. 둘째, 경기가 부진하고 물가가 계속 떨어질 경우 기업은 생산을 감축하고 감원을 하게 된다. 이로 인해 가계 소득은

더욱 줄어들고 이는 다시 소비를 위축시켜 경기와 물가 하락은 가속화된다. 셋째, 디플레이션에 접어들면 명목 이자율이 아무리 낮더라도 물가를 감안한 실질 이자율은 높아진다. 따라서 사람들은 그만큼 은행에서 대출받기를 꺼리게 되고, 돈도 덜 쓰게 된다. 넷째, 디플레이션이 되면 물가를 감안한 실질적인 부채 부담이 늘어나게 된다. 따라서 채무자들이 빚을 못 갚고 부도를 낼 가능성이 높아진다.

디플레이션을 막기 위한 대책으로는 충분한 유동성 공급을 위해 금리를 내리는 방법과 경기부양을 위해 대대적인 재정정책을 사용하는 방법 등이 있다.

(2008년 12월)

5.8 애그플레이션

요즘 애그플레이션이라는 새로운 용어가 자주 등장하고 있다. 농업이란 의미의 애그리컬츄어agriclurure와 지속적인 물가 상승을 뜻하는 인플레이션inflation을 합성해 만든 애그플레이션agflation은 농산물 가격 상승이 전 세계적인 인플레이션으로 이어지는 현상을 의미한다.

전 세계 인구 절반이 주식으로 먹는 쌀, 또 다른 절반이 주식으로 먹는 밀, 대표적인 사료곡물인 옥수수 등 모든 주요 곡물가격이 동시에 급등하고 있다.

2007년 봄부터 시작한 지난 1년간의 주요 곡물의 상승폭은 밀 130%, 쌀 75%, 옥수수 73% 등이다. 곡물가격이 동시에 상승하고 있지만 원인은 조금씩 차이가 있다. 밀은 최대 수출국인 미국과 오스트레일리아의 지난해 생산량이 크게 하락한 것이 주원인이다. 쌀 생산은 세계 총 생산량이 매년 최고치를 기록할 정도로 상승할 것으로 예측되지만 쌀 수요가 더 빠르게 늘어나는 것이 주원인이다. 옥수수 생산도 역대 최대치를 기록하고 있으나 유가 급등에 따른 바이오에탄올 원료 수요와 중국의 축산물 소비 증가에 따른 공급이 수요를 충족시키지 못하는 실정이다.

농산물 가격폭등이 실제로 전반적인 물가 상승으로 이어지기까지

에는 6개월에서 1년 정도의 시차가 있다. 식료품 가격 상승은 공공요금과 임금에 영향을 미치고, 이것은 다시 다른 제품의 가격을 인상시킨다. 여기에 유가인상은 운송비 상승으로 이어져 국제 곡물가격 상승이 애그플레이션으로 진행하는 촉매 역할을 할 것이다. 국제 곡물가격이 지속적으로 상승하면 곡물 수출국들은 자국의 식품가격 상승을 막기 위해 수출제한 조치를 취하고, 반대로 수입국들은 곡물확보를 위해 수입을 촉진하고 있다.

우리가 취할 수 있는 방안은 국내 생산 기반의 유지, 국제시장에서 곡물조달 능력의 향상, 해외 식량자원 개발 등이 있다.

(2008년 4월)

5.9 초인플레이션

모든 국민이 '백만장자'이면서도 빵 한 조각조차 사 먹기 힘든 나라, 한때 아프리카의 부국이었던 짐바브웨의 국민들이 살인적인 인플레로 고통을 겪고 있다. 올해 짐바브웨의 공식적인 물가 상승률은 1천%에 달하는데 전쟁을 겪지 않은 나라로는 사상 최고치를 기록 중이다. 수도 하라레의 공항에 도착하는 외국인은 10달러를 현지 화폐로 교환하는 순간 백만장자가 된다. 미국 돈 1달러는 짐바브웨 화폐로 10만 1천 달러이다. 두루마리 화장지 한 롤은 15만 짐바브웨달러(이하 동일), 빵 한 조각에 9만 달러, 닭고기 2㎏에 180만 달러이다. 물가는 날로 치솟아 1주일에 80%가 오른다. 슈퍼마켓 계산대 앞에는 지폐가 가득 든 가방과 한 주먹의 식품을 손에 든 주민들이 줄 서 있다. 식당에서는 2인분 식사비 1천 400만 달러를 테이블에 산처럼 쌓아놓고 계산이 끝나기를 수십 분간 기다려야 한다.

초인플레이션hyper inflation이란 아주 급속하게 진행되는 높은 인플레이션을 말한다. 위의 짐바브웨의 예를 비롯해, 1980년대에 이스라엘과 남미 여러 나라들은 연 200%가 넘는 인플레이션을 경험하였는데 이것이 초인플레이션의 예이다.

초인플레이션은 대개 높은 통화 증가와 사람들의 인플레이션 기대

심리가 가세하여 일어난다. 초인플레이션이 일어날 것으로 예상되면 근로자들은 임금을 화폐로 받으려 하지 않고 현물로 받으려 하고 사람들은 돈이 들어오는 대로 즉시 물건으로 사려고 하기 때문에 통화의 유통속도가 급속히 높아진다. 기업과 기업 간에, 채권자와 채무자 간에 장기계약이 체결되지 않고 그때그때 물물교환의 형태로 거래가 이루어진다. 사람들이 세금부담의 실질적인 경감을 노려 세금납부를 가능한 연기하기 때문에 정부재정은 파탄을 이르기 쉽다.

한 마디로 화폐를 교환의 매개수단으로 이용하는 교환경제의 효율성이 파괴된다. 근로자들은 끊임없이 임금인상을 요구하고 기업은 생산보다 투기활동에 매달리게 된다.

(2006년 6월)

5.10 스태그플레이션

한국경제가 심각한 위기에 당면했음을 알리는 메시지가 곳곳에서 들린다. 급기야 경영 · 경제 · 행정학의 주요 학회 전현직 회장을 대표로 한 411명의 교수들이 '이제는 경제' 라는 성명서를 발표하기에 이르렀다. 이들은 청년실업 문제, 가계부채, 신용불량자 문제, 고용없는 성장 등의 문제로 한국경제는 홍망의 기로에 있다고 진단하고 현 위기의 해결을 위해서는 무엇보다 먼저 투자확대와 일자리창출이 급선무임을 밝힌 뒤 정부, 국민, 기업 모두가 경제 살리기에 전념해 줄 것을 당부했다.

내수경기 침체가 길어지는 가운데 휘발유, 농축수산물 가격이 크게 뛰는 등 물가불안 조짐이 나타나고 있다고 한다. 통계청이 지난 2일 발표한 '1월 소비자물가 동향' 에 따르면 1월의 소비자물가는 설 명절과 광우병 파동으로 농축수산물과 석유제품 가격이 뛰면서 한 달 전인 지난해 12월보다 0.6% 올랐으며 또 1년 전인 지난해 1월에 비해서는 3.4% 올랐다고 한다. 지난해 후반 이후 잠잠했던 부동산 가격도 개발지역의 땅값을 중심으로 다시 꿈틀거리자 경기위축 속에 물가는 오르는 스태그플레이션에 대한 우려도 적지 않다.

경제가 침체하여 생산활동이 위축되고 실업률이 높은데도 불구하고 상당히 높은 수준의 인플레이션이 계속되는 상태를 스태그플레이션

stagflation이라 한다.

영국의 경제학자인 필립스는 실업률과 인플레이션 사이에 음의 관계가 있다는 것을 밝혔다. 즉, 필립스곡선에 의하면 실업률이 높아지면 인플레이션은 낮아져야 한다. 그런데 1970년대에는 실업률이 높아지는데도 인플레이션이 낮아지지 않거나 실업률이 불변인데도 인플레이션율이 높아지는 기이한 현상이 발생했는데 이를 스태그플레이션이라 한다.

(2004년 2월)

5.11 자연실업률

최근 한국 근로자의 직장 퇴출 개시 연령이 35세로 OECD 가맹국 평균보다 10년 정도 이르다는 통계가 발표되었다. 한번 직장은 영원한 직장이란 개념은 사라진 지 오래고 더 이상 해고가 낯선 일이 아닌 시대가 되었다. 노동부는 '고용보험 백서'를 통해 지난해 직장을 떠난 340만 4천 669명의 근로자 가운데 '정년퇴직자'가 1만 2천 731명에 불과하다는 자료를 발표했다. 이에 대해 50대 관리자 1명의 임금으로 20대 3명을 채용할 수 있다든지, 청년 실업자가 즐비한데 정년보장을 따질 형편이 아니라는 의견도 있지만 갈수록 평생직장의 개념은 흐릿해 질 전망이다.

주지하는 바와 같이 실업률은 경제활동인구에서 실업자가 차지하는 비율이다. 실업의 종류에는 좋은 일자리를 탐색하거나 직업을 바꾸는 과정에서 당분간 실업상태에 있는 마찰적 실업, 기술혁신으로 이전의 기술이 필요 없게 되거나 어떤 산업이 사양화됨에 따라 일자리를 잃게 되는 구조적 실업, 경기가 나쁘기 때문에 발생하는 경기적인 실업이 있다. 이중 마찰적 실업은 그리 문제가 되지 않는다.

자연실업률natural rate of unemployment이란 구조적 실업을 포함한 광의의 마찰적 실업자가 경제활동 인구에서 차지하는 비율을 뜻한다. 즉, 진

행되는 인플레이션에 영향을 미치지 않는 실업률이라 정의된다. 이는 기업들이 찾는 구인자 수와 노동자들의 구직자 수가 일치하는 실업률이다. 자연실업률은 경제가 장기적으로 접근해 가는 실업률이며, 자연생산량과 결부되는 실업률이다. 보통 실업률이 5~6%이면 완전고용상태이거나 인플레이션을 가속시키지 않는 최대 고용수준이다.

우리나라를 비롯한 동아시아의 자연실업률은 2~4%대의 아주 낮은 수준이다. 미국의 자연실업률은 1960년대에는 4% 내외였으나 1970년대부터는 5~6%로 추계되고 있다.

(2003년 11월)

제6장

금융정책 (금융시장)

6.1 핀테크와 빅데이터

국내 금융권에서 핀테크를 통한 '비대면 거래'가 자리 잡고 있는 가운데 그 뒤를 이어 '빅데이터' 시장에 대한 관심이 뜨겁게 달아오르고 있다. 기술력을 앞세운 핀테크 업체들이 시장을 이끌고 있지만 시중은행들도 통신사, P2P 업체와 협업을 통해 이들을 빠르게 추격하고 있다. 국민은행 관계자는 "부모님 또는 친구에게 규칙적으로 전화하는 사람은 신용도가 높고, 택배나 홈쇼핑 주문 전화를 자주 이용하는 사람은 과소비 성향이 강하다고 보고 신용 점수를 낮출 수 있다"고 말했다.

미국 하버드대 연구팀은 맞춤법을 틀리지 않는 사람일수록 돈을 갚으려는 의지가 강하다는 특성을 밝혀냈다. 국내 P2P 대출 업체인 '렌딧'은 대출 신청자가 홈페이지에 접속한 경로나 머무는 시간 등을 고객 평가에 사용한다. 예를 들어 화면 스크롤을 천천히 이동하며 대출 유의 사항을 읽어본 사람은 신중하고 상환 의지가 높다고 판단하는 것이다.

미국계 보험사 오스카는 보험에 가입하는 고객들에게 개인의 운동 상태를 실시간으로 체크해 알려주는 기기를 나눠주고 고객들이 기기에서 제시하는 목표 걸음 수나 운동 목표를 달성할 경우엔 보험료를 할인해 준다.

국내 보험업계는 단순히 블랙박스를 설치하거나 주행 거리가 애초

기준보다 적을 경우 할인해 주는 고전적인 방식에서 운전자 개개인의 운전 습관을 정량적으로 분석해 할인해 주는 방식으로 진화하고 있다.

동부화재는 보험 가입자가 차량 내비게이션 앱인 '티맵'을 켜고 주행하면 보험료를 할인해 준다. 흥국화재도 급제동이나 급가속처럼 사고 위험을 높이는 운전 습관을 개선하기 위해서 모범운전자에게 보험료 할인 혜택을 준다. 현대해상은 만 6세 이하 어린이 자녀를 둔 운전자에 대해 보험료를 7% 할인해 준다. 빅데이터 분석을 통해 어린 자녀가 있는 운전자가 사고를 덜 낸다는 결과를 얻었기 때문이다. 또한 빅데이터를 통해 운전자의 대중교통 이용 실적이 많을수록 안전하게 차를 모는 것으로 밝혀짐에 따라 대중교통을 자주 이용하는 운전자에게 보험료 할인 혜택을 주는 상품도 있다.

(2016년 5월)

6.2 회사채 신용등급

동양그룹 사태 이후 회사채시장이 꽁꽁 얼어붙었다. 신용등급 A로 평가받은 우량기업조차 회사채 발행을 포기하는 사례가 잇따르고 있다. AA- 등급 이상의 초우량기업을 제외하고는 회사채를 발행해도 유통이 되지 않아 회사채를 통한 자금조달이 힘든 실정이다. 회사채는 기업사정에 따라 원리금 상환 능력에 차이가 있다. 이를 표시하는 것이 회사채 신용등급이다.

신용도에 따라 차례로 AAA, AA+, AA, AA-, A+, A, A-, BBB+, BBB, BBB-, BB+, BB, BB-, B, CCC, CC, C, D 등 18개 등급으로 나눠져 있다. BBB- 이상은 투자등급, BB+ 이하는 투자부적격등급(투기등급)이다.

A등급은 안심하고 투자해도 좋다는 뜻이지만 투자자들이 A등급 회사채를 외면하는 것은 국내 3대 신용평가회사, 즉 한국신용평가 · 한국신용정보 · 한국기업평가가 매긴 등급을 믿을 수 없기 때문이다. 신용평가사들은 동양시멘트에 대해 법정관리 신청 한 달 전까지 A등급을 주고 있다가 그 이후 한 달 사이 D등급까지 떨어뜨렸다.

또한 A등급 이상을 받은 기업 비중이 2000년 35.2%에서 올해 75.8%까지 오른 데서도 국내 신용평가사들의 신뢰성에 의문을 가질 수

밖에 없다. 같은 국내기업에 대해 국내 신용평가사가 외국 신용평가사보다 평균 6단계 이상 높은 신용등급을 매기고 있다는 조사도 있다.

신용평가사들이 A등급을 남발하는 이유는 신용평가를 해주는 대가로 해당 기업으로부터 수수료를 받기 때문이다. 2008년 금융 위기의 주요 원인 중 하나가 무디스를 비롯한 세계적 신용평가사들의 부적절한 평가였던 것처럼 우리도 신용평가사들의 평가등급을 믿을 수 없게 되면 채권시장의 존립이 어려워질 수밖에 없다.

기업의 자금 조달난이 계속되면 연쇄부도 사태가 확산되고 경제 전체가 휘청거릴 수 있다. 신용평가의 신뢰성을 높일 수 있도록 정부의 적절한 조치가 필요한 시점이다.

(2013년 10월)

6.3 다우지수

국내 종합주가지수인 코스피지수Korea composite Stock Price Index ; KOSPI는 한국거래소의 유가증권시장에 상장된 회사들의 주식에 대한 총합인 '시가총액'의 기준시점과 비교시점을 비교해 나타낸 지표이다. 증권거래소에 상장된 주식의 증권시장지표 중에서 주식의 전반적인 동향을 가장 잘 나타내는 대표적인 지수이다. 시장 전체의 주가 움직임을 측정하는 지표로 이용되며, 투자성과 측정, 다른 금융상품과의 수익률 비교척도, 경제상황 예측지표로도 이용한다.

증권거래소는 1964년 1월 4일을 기준시점으로 다우존스식 주가평균을 지수화한 수정주가 평균지수를 산출해 발표했는데, 점차 시장규모가 확대됨에 따라 1972년 1월 4일부터는 지수의 채용종목을 늘리고 기준시점을 변경한 한국종합주가지수를 발표했다. 종합주가지수는 2005년 11월 1일부터 KOSPI로 바꿔 사용하고 있다.

미국 증권시장의 동향과 시세를 알려주는 대표적인 지수는 다우존스 산업평균지수Dow Jones Industrial Average ; DIJA다. 1884년 미국의 월스트리트 저널 편집장인 찰스 다우Charles H. Dow가 처음 창안한 것이다. 뉴욕증권시장에 상장되어 있는 주식 가운데 가장 신용 있고 안정된 30개 종목을 표본으로 시장가격을 평균해 산출하는 주가지수로 'DJIA'

또는 '다우지수'라고 부른다. 올 들어 지난 13일 현재 KOSPI는 전날보다 11.11포인트(0.6%) 상승한 1875.8이고 다우지수는 전날보다 48.96포인트(0.39%) 하락한 12422.06이었다.

이 밖에 아시아 각국의 지수로는 일본의 니케이평균주가Nikkei Stock Avg, 중국의 상하이종합지수Shanghai Composite, 홍콩의 항셍지수Hang Seng 등이 있다. 유럽의 지수로는 프랑스의 CAC 40지수, 독일의 DAX지수, 영국의 FTSE 100지수 등이 있다.

(2012년 1월)

6.4 베어마켓 랠리

주식시장Stock Market에서 황소Bull와 곰Bear을 자주 언급한다. 증시에서 약세장은 '베어마켓', 강세장은 '불마켓'이라 부른다. 장세를 동물에 비유한 데는 여러 설이 있는데, 싸울 때 황소는 뿔을 위로 치받는다고 해서 '상승장', 곰은 아래로 찍어 누르는 자세를 취한다고 해서 '하락장'을 의미하는 것으로 해석하기도 한다. 다른 해석으로는 '황소'의 이미지는 적극적이어서 주식을 매입하며 저돌적으로 개입하는 것을 나타내고, '곰'의 이미지는 느려서 거래가 부진하거나 약세 시장에 주식을 내다 파는 것으로 표현된다.

'곰'은 보유하지도 않은 주식까지도 모두 팔아서 주가가 떨어지기를 기대하며 주가가 떨어지면 나중에 다시 매입하려는 반면, '황소'는 주식을 나중에 높은 가격에 팔 생각으로 지금 매입하는 사람이다.

요즘 미국을 비롯한 세계 증시에 '베어마켓 랠리bear-market rally'라는 용어가 눈에 띈다. 지난 3월 초부터 미국 증시를 필두로 글로벌 증시가 급등세를 보이면서 자주 언급되고 있다. '베어마켓 랠리'란 장기불황의 약세장 기조 속에서 주가가 일시적으로 반짝하고 상승하는 현상을 말한다. 주가가 충분히 떨어졌다고 보는 투자자들이 주식을 사들이면서 증시가 마치 회복 국면을 맞은 것처럼 잠시 살아나는 것이다.

다시 말하면, '베어마켓 랠리'는 불황으로 인해 주식시장에서 장기적인 약세장(베어마켓)이 진행되는 도중에 일시적으로 주가가 반등하는 현상을 말한다. 대개 투자자들이 저가 매수의 기회로 보고 주식을 사면서 짧게는 일주일, 길게는 1개월 이상 회복세를 보이는 경우가 많다. 장기 불황 속에서 베어마켓 랠리는 마치 신기루처럼 여러 차례 나타났다 사라질 수 있다.

미국의 투자 전문가들은 이 같은 최근의 미국 증시를 전형적인 '베어마켓 랠리'로 진단하고 있다.

(2009년 4월)

6.5 서브프라임 모기지

미국인들은 주택가격의 20~30%의 계약금만 있으면 구입할 주택을 담보로 융자를 받아 주택을 구입하고, 그 융자금을 30~40년에 걸쳐 상환하는 것이 보통이다. 미국의 주택담보대출은 신용도가 높고 위험이 낮은 차입자에게 대출하는 프라임 모기지[우량주택담보대출]와 신용도가 낮고 상환리스크가 큰 사람들에게 대출하는 서브프라임 모기지[subprime mortgage loan · 비우량주택담보대출]로 나뉜다.

서브프라임 모기지는 신용도가 낮은 비우량고객 및 금융소외계층에 대한 주택담보대출을 의미한다. 서브프라임 모기지는 기존의 담보융자 자격이 없는 무주택 서민에게 주택 소유의 기회를 제공하는 긍정적인 측면이 있는 반면에 금리 등 대출여건이 일반 주택담보대출보다 까다롭기 때문에 그만큼 위험도도 높다.

미국발 서브프라임 모기지 대출의 위기가 전 세계 금융시장을 강타하고 있다. 미국의 뉴욕증시와 나스닥시장에서 주가가 폭락하자 미국증시와 긴밀하게 연계된 일본, 한국 등 동아시아 증시도 큰 폭으로 떨어졌다. 위기에 따른 파급효과가 예상 밖으로 크게 나타나자 미국, 일본 등의 주요국 중앙은행들이 긴급히 유동성을 투입하여 증시는 점차 진정국면으로 접어들고 있다.

서브프라임 모기지 대출이 문제가 되는 원인은 서브프라임 융자를 받은 주택구입자들이 상환금을 제때 내지 못해 연체율이 높아지다가 결국 융자로 구입한 담보주택을 압류당하기 때문이다. 그 결과 저축대부조합, 상호저축은행 및 저당 금융회사 등 담보를 기초로 융자를 제공한 1차 모기지 대출기관의 경영실적이 악화되고 파산가능성이 높아지고 있다. 또 동시에 이 1차 모기지 대출기관에 투자한 거대 투자은행도 큰 손실을 입어 이들 은행의 주가가 하락하고 있다.

나아가 주택금융 관련 정부 지원기관, 민간 증권회사 등 2차 모기지 관련 기관으로 피해가 확산되는 것이 더 큰 문제이다.

(2007년 9월)

6.6 전자화폐

서울 후불교통카드 재계약을 놓고 교통카드 운영사업자인 한국스마트카드(주)KSCC와 카드사들의 줄다리기가 계속되고 있다. 이미 이달 초부터 KSCC와 계약기간이 끝난 롯데카드와 삼성, 신한, 외환카드의 후불 교통카드 발급이 중단된 가운데 아직 계약기간이 남아있는 현대카드, LG, 국민, 비씨카드 등도 이달 중 차례로 신규 발급을 중단하기로 했기 때문이다. 비씨카드는 8일 홈페이지 공지를 통해 "후불교통카드 서비스의 지속적이고 안정적인 제공이 보장되지 않아 27일부터 수도권 지역의 후불교통카드 발급을 잠정적으로 중단할 예정" 이라고 밝혔다.

이로써 롯데, 삼성, 신한, 외환 등 4개 카드사의 후불제 교통카드 신규 발급이 이미 중단된 상태에서 한국스마트카드(주) 와의 협상이 진척되지 않을 경우 3월 중 전 업계 카드사들의 후불교통카드 발급이 전면 중단될 상황에 놓였다.

전자화폐는 ICintegrated circuit카드나 공중정보망과 연결된 전자기기(예를 들어 internet에 연결된 PC)에 전자기호로 화폐가치를 저장하였다가 상품 등의 구매에 사용할 수 있는 전자지급수단을 말한다. 전자화폐는 크게 두 가지 종류로 구분된다. IC칩을 내장한 스마트카드에 일정액을 저장해 사용하는 오프라인 형태(IC카드형)와 컴퓨터에 전자지갑과

같은 소프트웨어를 설치한 뒤 은행 등 금융기관이 연계 네트워크상에서 대금을 지급하는 네트워크형이 그것이다.

구체적으로 IC카드형 전자화폐는 플라스틱 카드에 반도체 칩을 부착한 것으로서, 거래은행에서 미리 일정한 금액을 충전해서 사용하는 일종의 선불카드이다. 네트워크형 전자화폐는 컴퓨터 하드디스크에 사용자 정보를 저장해 두고 전자상거래 시에 대금을 결제하는 방식이다. 이 밖에 두 가지 방식을 혼합한 카드도 있다. 한편 전자화폐는 결제방식에 따라 선불카드형, 신용카드형, 전자수표형, 현금형으로 분류될 수 있다.

(2006년 3월)

6.7 그레셤의 법칙

좋은 평가를 받고 있는 5천원권 새 지폐가 시중에 많이 풀려 나갔으나 실제 거래보다는 보관용인 물량이 상당 수준에 이르고 있다고 한다. 한국은행은 이달 2일 발행된 새 5천원권은 17일까지 약 보름 동안 2천 700억원(5천 400만 장)이 시중은행을 통해 풀려나갔다고 밝혔다. 한은은 작년 말 조폐공사로부터 새 5천원권을 8천만 장 공급받은 데 이어 설 연휴에 대비해 8천만 장을 추가로 납품받았다. 작년 말 기준으로 시중에 유통 중인 구권 5천원 지폐가 총 1억 6천만 장이기 때문에 이에 상당하는 새 지폐 물량을 확보하면 충분히 설 연휴의 세뱃돈 수요를 감당할 수 있을 것으로 한은은 내다봤다.

그러나 기대와는 달리 이달 들어 보름 간 2천 700억원 상당의 새 5천원권이 풀려나가는 동안 환수된 기존 5천원권은 300억원에 불과했으며 시중은행은 신권 부족을 호소하고 있다. 이러한 현상은 새 5천원권을 가진 일반인 가운데 상당수가 보관용으로 간직하고 있기 때문이다.

이처럼 기존 5천원권이 유통되고 새 5천원권이 보관용으로 자취를 감춘 것은 '그레셤의 법칙Gresham's law'과 연관이 있다. 소재가치(상품으로서의 가치)가 큰 화폐와 작은 화폐가 똑같은 명목가치(화폐로서의 가치)의 화폐로 동시에 통용될 때 소재가치가 큰 화폐가 사라지고 소재가

치가 작은 화폐만 통용된다. 이를 "악화가 양화를 구축한다Bad money drives out good"는 그레셤의 법칙이라고 한다.

이번 새 5천원권 부족 사태의 원인은 사람들이 새 5천원권은 좋은 화폐, 구 5천원권은 나쁜 화폐라 생각하는 것이라 할 수 있다.

(2006년 1월)

6.8 슈퍼노트

주한 미 대사가 지난 23일 "북한의 위폐 제조에 대한 결정적 증거를 확보하고 있느냐"는 질문에 "미국 정부는 지난 10년간 북한의 위폐활동을 조사해 왔으며 올해 초 한국에서 북한산 위폐가 대량 적발된 활동을 종합해 보면 북한이 위폐를 제조하고 있다는 것을 알 수 있다"고 답변했다고 한다. 한편 1998년 국가정보원은 "북한이 연간 1천500만 달러에 달하는 슈퍼 노트super note를 제작 · 유통시키고 있다"며 "평양 근교에 '2월 은빛 무역회사'라는 위폐 제작 전담기관을 운영하고 있다"고 밝혔던 사실이 확인됐다. 전직 국정원 간부는 "북한이 위조 달러 제조국이라는 사실은 정보 담당자들에겐 상식이었다"고 전한다.

슈퍼 노트란 초정밀 100달러 위조지폐를 뜻하는데, 북한이 만들었다는 100달러 위조지폐만 슈퍼 노트라고 부른다고 한다. 다른 위폐는 수준이 떨어져 슈퍼 노트라고 하지 않는다는 것이다. 1990년대 중반 많이 쓰인 슈퍼-K나 최근 정밀도가 더 높아진 슈퍼-X는 모두 '북한산'의 별칭이라고 한다. 국내의 화폐 전문가들은 슈퍼 노트가 진짜 돈과 구분하기 어려울 정도라고 말한다. 슈퍼 노트는 실제 웬만한 국내의 위폐 감별기기에 넣어도 이상이 발견되지 않을 정도라서 최신형 감별기가 있어야 한다. 북한산으로 추정하는 슈퍼 노트 용지는 촉감 등으로는

구분이 안 될 정도로 현재 90% 가량 진짜화폐와 비슷한 수준까지 와 있다고 한다.

또한 미 달러 인쇄에 사용 중인 색 변환 잉크는 스위스 시크파사가 전 세계를 상대로 독점 공급하고 있는데, 북한 돈 일부에 이 잉크가 쓰이고 있는 것으로 볼 때 이 회사 잉크가 북한에 유입된 것은 확실해 보인다.

달러는 지폐의 경우 1, 5, 10, 20, 50, 100달러 등이 있는데 실제로 미국 현지에서 많이 사용되고 있는 지폐는 20달러짜리 이하들이다. 하지만 100달러를 정밀 위조할 경우 30달러 정도의 비용이 들기 때문에 위폐로는 고액권이 많다. 미화 동전으로는 1, 5, 10, 25센트 등이 있는데 각각 페니penny, 니켈nickel, 다임dime, 쿼터quarter 등으로 불리고 있다.

(2005년 12월)

6.9 금본위제도

금값이 지난 8일 4반세기 만에 최고치를 기록했다. 이날 뉴욕에선 금값이 지난 24년 6개월 이래 최고인 온스당 519.80달러로 올랐다. 특히 뉴욕 상업거래소의 귀금속 선물시장에서는 2월 인도분 금값이 온스당 522.70달러에 거래됐다. 금값은 올 들어 지금까지 20% 상승했으며 이에 따라 지난 5년 전 가격의 두 배로 뛰었다. 만약 이번 달의 추세가 계속되면 금값은 연말에 온스당 568달러, 내년 2월 말에 649달러까지 갈 것이라는 전망도 나왔다.

최근의 금값 상승에 대한 원인으로는 튼튼한 경제 기초, 중장기적인 경제 불확실성으로 인한 포트폴리오 다양화에 따른 금 구매 선호, 공급난과 수요 증가 및 투기펀드 가세 등을 들 수 있다. 이런 요인 외에 이번 금값 상승의 배후에는 일본인들의 강력한 매수세가 있었다고 한다. 일본 개인투자자들이 금을 사 들이는 것은 무엇보다도 엔화 약세로 인해 자신들의 자산 가치를 보존하기 위한 선택으로 풀이 된다. 일본의 제로금리도 한 원인인데, 금 매수를 위한 자금조달 비용이 저렴하고 일본은행에 자금을 예치할 때에 아무 수익이 없는 것에 비하면 금 매수시의 수익도 월등하기 때문이다. 이처럼 일본인들의 매수활동으로 최근 뉴욕과 런던에서의 금값 상승이 가속화됐다는 분석이다.

금이 무역 당사자국 간의 결제수단과 환율에 주요 역할을 하던 시절도 있었다. 금본위제도gold standard system는 금의 일정량을 화폐단위로 정하는 제도이다. 이 제도 하에서는 각국 간의 환율이 금을 통하여 고정이 되는데 19세기에서 20세기 초에 걸쳐 세계 주요 국가들이 채택하였다.

예를 들어 1913년에 미국의 1달러는 0.053온스의 금으로, 영국의 1파운드는 0.257온스의 금으로 정해져 있었다. 따라서 금을 통하여 1파운드는 4.85달러로 환율이 고정되는 것이다.

(2005년 12월)

6.10 화폐의 종류

현금 수 십억원을 비자금용도로 집안에 숨겼다가 발견되는가 하면 현금 50억원을 승용차에 싣고 차가 달릴 수 있니 없니 하는 논쟁이 있었다. 또 최근에는 한나라당에서 불법 선거자금을 트럭째 받았다는 사실이 밝혀져 충격을 주고 있다.

화폐의 역사는 물품화폐로부터 시작한다. 물품화폐는 상품화폐라고도 하는데 물물교환 시 불편을 없애기 위해 화폐로 사용한 물품을 뜻한다. 진흙 · 돌 같은 자연물, 소 · 돼지 등의 가축, 쌀 · 옥수수 같은 농산물, 호미 같은 생활도구, 그리고 소금, 가죽, 종이 등 물품화폐의 종류는 다양하다. 물품화폐는 내구성이 없고 상품의 질이 같지 않으며 휴대하기가 쉽지 않은 문제점이 있었다. 그래서 금 · 은 등의 금속화폐가 사용되었는데 처음에는 일일이 무게를 달아서 사용하였기 때문에 이를 칭량화폐라 하기도 한다.

이후에 일정한 양의 금속을 소재로 하여 일정한 모양으로 주조한 금속화폐를 사용하였는데, 휴대 · 운반이 불편하였다. 이를 대신해 정부가 중앙은행으로 하여금 종이돈을 찍어내게 하였는데 이것이 지폐이다. 지폐는 종전의 다른 화폐들보다는 우월하지만 내구성에 한계가 있고, 거액거래 시에 휴대가 불편하다는 문제점이 있다. 이것을 극복하기 위

해 등장한 것이 예금화폐이다. 예금화폐는 은행예금을 근거로 발행되는 수표로서 이 수표 위에 필요한 금액을 기재하여 사용한다. 수표의 단점으로는 소지자가 은행을 통하여 대금을 회수하는 데 시간이 걸리고 간혹 부도로 인하여 대금을 회수하지 못할 수도 있다. 수표 다음으로 전자화폐가 있다. 최근 컴퓨터와 통신기술의 발전으로 결제대금을 거래 쌍방의 은행계좌에 직접 이체하는 전자자금이체제도에는 온라인제도, 지로제도, 현금자동출납기 등이 있다.

(2004년 1월)

6.11 화폐적 환상

원화의 액면단위를 동일한 비율, 즉 10분의 1이나 100분의 1로 낮추어서 거래를 간소화하고 화폐가치를 높이는 조치인 디노미네이션 denomination : 화폐단위절하에 대한 논의가 일고 있다.

디노미네이션을 찬성하는 측의 입장은 지금의 10원 또는 100원을 1원으로 변경하여 화폐의 가치도 높이고 환율도 달러당 100원대 또는 10원대로 낮추자는 것이다. 이들은 OECD 국가들 중 달러환율이 네 자릿수를 넘어가는 나라는 한국과 이탈리아뿐이라며 헐값인 원화의 화폐단위를 줄여 비싼 통화로 만들자는 것이다. 박승 한은총재도 조 단위도 감당 못해 경 단위가 등장할 때가 멀지 않았다고 하면서 화폐의 거래단위가 너무 커진 것을 디노미네이션의 이유로 들었다.

반면에 디노미네이션을 반대하는 측은 들어가는 비용에 비해 얻는 이익이 적다는 것을 이유로 내세운다. 새로운 지폐와 주화를 만들어야 하며, 현금인출기 등의 컴퓨터 프로그램, 회계전표 양식, 자동판매기의 투입구 등도 다 바꾸어야 한다. 또한 디노미네이션이 현금 보유자를 불안하게 만들고 지하경제를 위축시키는 등 경제에 큰 충격을 줄 것이라는 점을 반대의 이유로 든다.

디노미네이션은 화폐의 실질가치의 변화없이 호칭만 바꾸는 것인

만큼 이론적으로는 소득 · 물가 등의 경제 변수에 중립적인 영향만 미친다.

이와 유사한 개념으로 경제학에 화폐적 환상Money Illusion이라는 용어가 있다. 이는 재화의 수요량은 절대가격이나 화폐소득에 의존하는 것이 아니라 상대가격과 실질소득의 크기에 의해 결정된다는 것으로 소득과 재화의 가격이 같은 비율로 상승하거나 하락한다면 재화의 수요량에는 변화가 없다는 것이다. 즉, 월급이 두 배로 오르면 부자가 된 듯하지만 물건 가격 또한 2배로 같이 오르게 되면 이 사람의 구매력은 예전과 동일하다는 것이다. 화폐적 환상은 화폐의 환상, 화폐환각, 화폐적 착오라고도 불린다.

(2002년 6월)

제7장

통화정책 및 화폐

7.1 지급준비율

중국 인민은행은 지난달 29일 시중은행의 지급준비율reserve ratio을 17.5%에서 17.0%로 0.5%포인트 인하한다고 발표했다. 지난해 10월 지준율을 0.5%포인트 내린 뒤 4개월 만이다. 인민은행은 경기 부양을 위해 2014년 11월 이후 현재까지 기준 금리인 대출금리를 6.0%에서 4.35%로 6차례 인하했고, 같은 기간 지급준비율을 20%에서 17%로 5차례에 걸쳐 낮췄다.

'지준율'은 은행이 고객의 예금 인출에 대비해 예금의 일부를 중앙은행에 의무적으로 적립하는 돈인 '지급준비금'의 비율을 말한다. 지급준비율 제도는 원래 고객에게 지급할 돈을 보존한다는 고객 보호 차원에서 도입됐으나 지금은 금융정책의 주요 수단으로 활용되고 있다. 중앙은행이 지급준비율을 조절해 시중에 유통되고 있는 자금을 조절할 수 있기 때문이다. 경기가 나쁘면 지급준비율을 낮춰 시중 통화량을 늘리고, 반대로 경기가 좋으면 지급준비율을 높여 통화량을 줄인다. 지급준비율 제도는 중앙은행의 대출 · 공개시장조작과 함께 주된 통화정책 수단으로 활용되고 있다.

우리나라의 지준율은 한국은행법에 의해 금융통화위원회가 정한다. 한국은행은 매월 2째 · 4째주 수요일에 은행의 지급준비금 의무 적

립액을 체크하고 있다. 지급준비제도 적용대상 금융기관에는 일반은행 및 특수은행이 있다. 이들 금융기관은 예금종류에 따라 정해진 지급준비율(예금액의 0~7%)에 해당하는 금액을 지급준비금으로 보유해야 한다.

우리나라는 현재 근로자재산형성저축 · 근로자장기저축 · 근로자주택마련저축 · 장기주택마련저축 · 가계장기저축 · 근로자우대저축은 지급준비율을 0%로 적용하고 있다. 반면 정기예금 · 정기적금 · 상호부금 · 주택부금 · 양도성예금증서에 대하여는 2.0%를 적용하고, 기타 예금은 7.0%로 지급준비율을 정하고 있다.

(2016년 3월)

7.2 행복기금

국민행복기금에 지난 4주 동안 '빚 탕감'을 신청한 11만 명 가운데 절반 이상은 빚을 구제받을 수 있을 것으로 예상된다. 행복기금은 올 2월 말 기준으로 6개월 이상, 그리고 1억원 이하의 연체 채권을 가진 다중채무자의 신청을 받아 빚 일부를 탕감해 주고 나머지 원금을 장기·분할 상환할 수 있도록 도와준다.

금융위원회는 현재 미소금융, 햇살론, 새희망홀씨대출 등 서민금융상품을 이용했다가 연체한 사람들에게도 기금에서 지원하는 방안을 검토 중이다. 이 방안을 확정하면 국민행복기금 수혜자가 70만 명으로 늘어날 것으로 보인다. 외환위기 당시 10억원 이하의 기업대출에 연대보증을 선 11만 명의 빚을 70%까지 탕감해 주는 지원방안도 7월 시행을 앞두고 있다.

신용회복위원회의 사전채무조정(프리워크아웃)과 개인워크아웃도 대상이 확대되면서 수혜자가 올해만 3만 2천여 명에 이를 것으로 보인다. 고금리대출을 저금리대출로 바꿔주는 '바꿔드림론' 신청자는 연말까지 7~8만 명에 이르고, 채무자의 빚을 줄여주는 '희망모아' 프로그램 수혜자도 수만 명은 될 것으로 예상된다.

금융회사들이 내집빈곤층(하우스푸어)을 구제하기 위해 자체 프리

워크아웃과 경매유예제도를 활성화하면 2만 2천 가구 정도가 혜택을 보게 된다. 이처럼 정부가 여러 채무조정 프로그램을 동시에 가동하면서 올해 최대 100만여 명이 빚을 탕감 받거나 이자 부담이 줄어드는 혜택을 보게 됐다. 일각에선 각종 채무조정 프로그램이 어려운 살림살이에도 성실하게 빚을 갚고 있는 대다수 채무자의 박탈감을 키우고 있다는 지적도 나온다.

서민을 도우려는 취지는 좋지만 자칫 본인의 채무책임을 회피하게 만들어 도덕적 해이를 조장할 수 있다는 지적이다. 금융시장에서의 도덕적 해이Moral Hazard는 거래가 일어난 후 발생하며, 자금 대부자의 입장에서 볼 때 돈을 빌려간 사람이 바람직하지 않은 행동을 함으로써 대출금의 상환 가능성을 낮게 만들 위험이 있다는 것을 의미한다.

(2013년 5월)

7.3 이자율의 기간구조

3년 만기 국채금리가 1주일짜리 자금에 적용되는 한국은행 기준금리를 밑도는 기현상이 4년 만에 처음으로 발생했다. 지난 6일 채권시장에서 3년 만기 국채금리가 전날보다 0.04%포인트 떨어진 연 3.23%를 기록해 기준금리인 3.25%보다 더 낮아졌다.

이날 3년 만기 국채금리는 하루짜리 콜금리(3.25%)도 밑돌았다. 기준금리는 만기가 일주일짜리 채권(환매조건부채권)의 금리고, 콜금리는 금융회사들끼리 자금을 빌릴 때 적용하는 하루짜리 금리다. 채권만기는 이자율에 영향을 미친다. 일반적으로 장기채권금리가 채권 보유자의 위험부담이 큰 만큼 단기채권 금리보다 높다. 3년짜리 금리가 7일짜리 금리보다 더 싸졌다는 건 그래서 비정상적이다.

만기가 다른 채권의 이자율들 간의 관계를 '이자율의 기간구조term structure of interest rates' 라고 부른다. 이자율의 기간구조를 설명하는 이론은 세 가지가 있다.

첫째, 기대이론은 장기채권의 이자율은 단기이자율들의 평균과 일치할 것이라고 설명한다. 예를 들어 만일 사람들이 앞으로 5년 동안 1년 만기채권의 이자율이 평균 10%라고 예상하면, 기대이론은 5년의 만기를 가진 채권의 이자율도 10%라고 예측한다.

둘째는 분할시장이론이다. 이는 다른 만기를 가진 채권시장들은 완전히 분리돼 있다고 가정한다. 따라서 어느 특정한 만기를 가진 채권의 이자율은 다른 만기를 가진 채권들의 이자율에 아무런 영향을 받지 않으며, 해당 채권의 수요와 공급에 의해서 결정된다는 것이다.

셋째는 유동성 프리미엄 이론이다. 이 이론은 투자자는 이자율 위험이 적은 단기채권을 선호하는 경향이 있기 때문에 투자자가 장기채권을 보유하기 위해서는 유동성 프리미엄이 제공돼야 한다고 주장한다. 이 중에서 유동성 프리미엄 이론이 가장 널리 받아들여지고 있다.

(2012년 7월)

7.4 BIS 자기자본비율

부산저축은행과 부산2, 전주, 보해, 도민 등 저축은행 8곳이 영업정지됐다. 국내 저축은행 업계 1위인 부산저축은행그룹의 몰락 원인은 무리한 부동산 프로젝트파이낸싱PF 때문으로 밝혀졌다.

부산저축은행 계열사 5곳의 대출자산은 약 7조원이다. 이 가운데 PF대출자산 비율이 약 60%에 이른 반면 전체 저축은행권 대출자산의 PF 비중은 평균 19%대다. 부실 저축은행의 퇴출 조건은 BIS 자기자본비율 5%가 적용됐다.

BIS 자기자본비율은 국제결제은행Bank of International Settlement ; BIS이 "은행 자기자본 비율 규제에 관한 국제적 통일기준" 협약에 따라 정한 은행의 위험자산 대비 자기자본비율을 나타낸다. 자기자본비율은 총자산 중 자기자본이 차지하는 비중을 나타내는 지표로 기업 재무구조의 건전성 지표다. 자기자본은 직접적인 금융비용을 부담하지 않고, 기업이 장기적으로 운용할 수 있는 안정된 자본이다. 이 비율이 높을수록 기업의 재무구조가 건전하다고 할 수 있다.

자기자본비율은 총자산에서 자기자본이 차지하는 비중 즉, (자기자본 ÷ 총자산) × 100이다. 여기서 총자산을 구할 때 은행의 자산을 신용도에 따라 분류하고, 위험이 높을수록 높은 위험가중치를 적용해 산

출한다. 현금은 위험이 전혀 없으므로 0%, 공공기관 발행채권은 10%, 주거용 주택에 대한 저당권이 설정된 채권은 50%, 기타 민간부문에 대한 대출금과 주식은 100%의 위험가중치를 부여한다. 일반 신용대출과 주식운용을 많이 하면 높은 위험가중치로 말미암아 분모값이 커지고 자기자본비율은 내려간다.

BIS 비율을 높이려면 위험자산을 줄이거나 자기자본을 늘려야 하는데 위험자산을 갑자기 줄이는 것은 불가능하므로 자기자본을 늘려 BIS 비율을 맞추는 것이 보통이다.

(2011년 3월)

7.5 유동성함정

전 세계에 불어 닥친 금융위기를 타파하기 위해 여러 나라에서 금리 인하를 통한 통화확장 정책을 시행하고 있다. 하지만 이런 정책은 유동성함정liquidity trap으로 인해 그 효과가 나타나지 않을 가능성이 있다.

유동성함정이란 1920년대 말 대공황 때 경제학자 케인즈J. M. Keynes가 제기한 이론으로 더 이상 금리를 인하해도 약발이 먹히지 않는 상황을 말한다. 일반적으로 금리가 낮아지면 기업은 투자를 증가시킨다. 하지만 이자율이 일정 수준 이하로 내려가면 사람들은 가까운 미래에 이자율이 상승할 것으로 기대하여 채권을 매입하는 대신에 현금의 형태로 자산을 보유하려 한다. 더 나아가 금융당국이 아무리 이자율을 내려도 기업이 더 이상 투자하지 않아 결국 경기부양 효과가 나타나지 않는 현상을 말한다.

때문에 중앙은행이 아무리 금리를 낮추고 돈을 풀어도 소비나 투자는 위축되고 경기는 살아나지 않으며 저금리의 덫에 빠져 기업이 구조조정을 게을리 하면 오히려 경기가 장기적으로 침체할 수도 있다. 결국 제로금리는 시중의 자금난을 일시적으로 해결할 수 있는 응급조치일 뿐 실물경기 침체의 근본적인 해결책은 아니라는 것이다.

경제학 교과서에는 유동성함정을 화폐공급량을 증가시켜도 이자율

이 하락하지 않는 현상으로 설명한다. 보통의 경우에는 우하향하는 화폐수요곡선과 수직선의 화폐공급곡선이 만나는 점에서 균형이자율이 결정된다. 이런 경우에는 화폐 공급을 증가시키면 화폐공급곡선이 오른쪽으로 이동하여 이자율이 낮아지게 된다. 그러나 특별한 경우(화폐수요가 이자율에 민감한 경우, 즉 유동성함정의 경우)에는 화폐수요곡선이 수평선의 형태가 되어 화폐 공급을 아무리 증가시켜도 이자율은 낮아지지 않게 되는데 이런 현상을 유동성함정에 빠졌다고 한다.

(2009년 8월)

7.6 유동성

유동성liquidity은 자산을 가치의 손실 없이 얼마나 쉽고 빨리 현금으로 바꿀 수 있는지를 나타내는 개념이다. 예를 들어 투자 대상을 선택할 때 그 대상을 자신이 원하는 시기에 바로 현금으로 전환할 수 있는지를 따지는데, 이 정도를 유동성이라 한다. 화폐는 일반적인 교환수단이므로 유동성이 가장 높은 자산이다. 그 다음으로 당좌예금과 같은 요구불예금, 정기예금과 같은 저축성예금 순서로 유동성이 높다. 반면에 주택이나 유명 미술품은 처분하는 데 시간과 노력이 많이 필요하기 때문에 이들의 유동성은 낮다.

유동성은 자산의 유동성과 경제주체의 유동성으로 구분하고, 자산의 유동성은 다시 화폐의 유동성과 화폐를 제외한 자산의 유동성으로 나뉜다. 화폐의 유동성은 화폐가 다른 재화나 서비스로 전환되는 것을 말한다. 화폐는 유동성이 가장 높고 모든 유동성은 화폐의 유동성을 기초로 하여 이루어지며, 유동성이라는 개념을 화폐와 동의어로 사용하는 경우도 있다. 화폐 이외의 자산은 일단 화폐로 전환된 후 다른 재화나 서비스로 전환되며, 이를 일반적으로 자산의 유동성이라고 한다.

한편 가계 · 기업 · 정부 등 각 경제주체가 채무를 충당할 수 있는 능력을 경제주체의 유동성이라 한다. 기업의 유동성은 채무지불이나 변제

시기에 맞추어 현금을 비롯한 자금을 동원할 수 있는 정도를 말한다.

기업의 유동성이 지나치게 높으면 자본을 유용하게 활용하지 못해 기업의 수익성을 떨어뜨리고, 유동성이 충분하지 못하면 경영 과정에 큰 장애를 가져와 지급불능이나 파산단계에 이르기 때문에 기업의 유동성은 항상 시장 상황에 맞게 유지해야 한다.

(2009년 1월)

7.7 통화정책수단

미국 중앙은행은 지난 22일 2001년 9.11테러 사태 이후 처음으로 긴급 공개시장위원회를 열어 연방기금금리와 재할인율을 각각 0.75% 포인트 내렸다. 서브프라임 모기지 사태로 촉발된 미국 경제의 침체위기와 국제금융시장의 불안을 해소하기 위해 연방기금금리를 4.25%에서 3.50%로 내리고, 재할인율은 4.75%에서 4.0%로 하향 조정했다. 중앙은행이 금리를 0.75%포인트나 대폭 인하한 것은 1980년대 초 이후 처음이다. 이로써 서브프라임 모기지 사태로 국제금융시장의 신용경색을 초래했던 지난해 9월 이후 연방기금 금리는 1.75% 내렸다.

통화정책monetary policy이란 통화당국이 통화량이나 이자율을 조절하여 국민경제의 안정적 성장을 달성하고자 하는 경제정책을 말한다. 통화정책은 금융정책, 통화신용정책, 통화금융정책이라고도 부른다. 일반적인 통화정책 수단에는 공개시장조작, 지급준비율정책, 재할인율정책 등이 있다.

공개시장조작open market operation이란 중앙은행이 증권시장에서 국·공채를 매입하거나 매각하여 통화량을 조절하는 것을 말한다. 중앙은행이 국·공채를 매입하면 수요가 증가하여 가격이 오르기 때문에 이자율이 하락한다.

지급준비율정책reserve requirements policy은 중앙은행이 예금취급기관의 법정 지급준비율을 변경시킴으로써 통화량을 조절하는 것을 말한다. 중앙은행이 법정지급준비율을 올리면 예금취급기관의 지급준비율이 상승하고 통화량이 감소한다.

재할인율정책rediscount rate policy은 중앙은행이 예금취급기관을 상대로 재할인율을 변동시켜 통화량을 조절하고 시중금리에 영향을 미치는 통화정책수단이다. 재할인이란 예금취급기관이 할인한 상거래 관련 어음을 다시 중앙은행에 제시하여 할인받고 자금을 차입하는 것을 말한다. 재할인율을 내리면 통화량이 증가하고 재할인율을 올리면 통화량이 감소한다.

(2008년 1월)

7.8 화폐 속 인물

미국에서 달러 지폐에 들어간 초상을 여성의 초상으로 바꾸자는 캠페인이 진행 중이다. 총 7종의 미국 지폐에 들어간 초상이 모두 남성이라 성적 불평등 문제가 있기 때문에 20달러 지폐의 앤드류 잭슨 제7대 미국 대통령의 초상을 여성의 초상으로 교체하는 방안을 추진 중이다. 잭슨 전 대통령을 바꾸려는 이유는 그가 '인디언 이주법'을 통과시킨 장본인으로 공과에 논란이 많은 인물이기 때문이다.

미국 화폐는 지폐 7종과 주화 6종이 있다. 지폐 앞면 인물을 살펴보면 100달러에는 벤저민 프랭클린, 50달러 율리시스 그랜트 18대 대통령, 20달러 앤드류 잭슨 7대 대통령, 10달러 알렉산더 해밀턴 초대 재무장관, 5달러 아브라함 링컨 16대 대통령, 2달러 토머스 제퍼슨 3대 대통령, 1달러에는 조지 워싱턴 초대 대통령이 그려져 있다. 주화 1센트에는 아브라함 링컨, 5센트 토마스 제퍼슨, 10센트 프랭클린 루스벨트, 25센트 조지 워싱턴, 50센트 조 케네디, 100센트에는 북아메리카원주민이 새겨져 있다.

우리나라 지폐는 5만원권 신사임당, 1만원권 세종대왕, 5천원권 율곡 이이, 1천원권에는 퇴계 이황이 그려져 있다. 신사임당을 감안하면 우리나라는 화폐 속 인물에 대한 성적불평등이 덜한 셈이다. 북한의 신

권화폐는 지폐 9종(5천원 · 2천원 · 1천원 · 500원 · 200원 · 100원 · 50원 · 10원 · 5원)과 주화 5종(1원 · 50전 · 10전 · 5전 · 1전) 등 14종이 있다. 각 지폐의 앞면에 들어가 있는 그림은 다음과 같다.

5원권 과학자와 대학생, 10원권 육 · 해 · 공군전사들, 50원권 노동 지식인 · 공민 · 농민, 100원권 목란, 200원권 천리마동상, 500원권 개선문, 1천원권 김정숙(김일성의 첫째부인으로 김정일의 친모) 생가, 2천원권 김정일의 출생지라는 백두산 밀영의 귀틀집과 정일봉, 5천원권에는 김일성의 얼굴이 그려져 있다.

(2015년 4월)

7.9 현재가치

[문제 1] 100만원을 예금했는데, 이자율이 2%라면 1년 뒤에 얼마를 받을까요?

[문제 2] 물가 상승률이 3%라면, 지금 1천만원으로 구입하는 것과 1년 뒤 1천만원으로 구입하는 것 중에서 어느 쪽 물건(같은 상품)의 양이 더 많을까요?

우리나라 성인 가운데 [문제 1]과 [문제 2]에 대한 답을 맞히지 못한 사람이 각각 10명 중 3명, 10명 중 5명에 달한다고 한다.

금융감독원이 지난해 8월부터 12월까지 전국의 성인남녀 2천 400명을 대상으로 이자율, 원금보장, 예금자보호제도, 물가 상승률 등 금융 · 경제의 기본 개념에 대한 이해도를 측정한 결과, 사실상 금융 문맹에 가까운 사람이 의외로 많은 것으로 드러났다. 금융 지식의 부재는 잘못된 금융 · 소비 생활을 낳으며 각종 푸어poor · 빈곤층로 이어질 수 있다.

[문제 2]의 정답은 '지금'이다. 1년 뒤 물건 값이 평균 3% 오르게 되니 같은 금액으로 지금 더 많은 물건을 살 수 있는 것이다. 이 질문에 53.3%가 오답을 얘기하거나 모르겠다고 답했다. [문제 1]의 정답은 원금과 이자를 합쳐 102만원이다. 그런데 31.6%가 제대로 답하지 못했

다. 이자율은 우리 일상생활에 직접적으로 영향을 미치기 때문에 이자율의 의미를 정확히 이해하는 것은 중요하다. 이자율interest rate은 차입 비용, 즉 돈을 빌리는 것에 대한 가격이다. [문제 1]의 답은 100만원 × (1 + 0.02) = 102만원으로 구해진다. 이자율과 더불어 현재가치present value 개념을 알아 둘 필요가 있다.

현재가치present value는 미래에 받을 금액을 현재의 가치로 환산한 것으로 1년 후에 받게 될 100만원이 오늘 받는 100만원보다 적다는 일반상식에 기초한다. 오늘 100만원을 은행에 저축하면 1년 후에는 이자를 더하면 100만원 이상을 받기 때문이다. 즉, 이자율이 2%라고 할 때 내년에 받게 될 102만원의 현재가치는 102만원/(1 + 0.02) = 100만원이 된다.

(2015년 2월)

7.10 비트코인

화폐란 상품을 매매하고 채권 · 채무관계를 청산하는 일상거래에서 일반적으로 통용되는 지불수단이다. 화폐는 역사적으로 물품화폐 → 금속화폐 → 지폐 → 예금화폐 → 전자화폐 형태로 발달해 왔다. 최근 들어 온라인 가상화폐인 '비트코인bitcoin' 이라는 사이버머니가 나타나 뜨거운 관심을 받고 있다.

비트코인은 2009년 나카모토 사토시라는 가명의 인물 혹은 집단이 만든 것으로 전해진다. 비트코인 거래는 개인 간 이뤄지며 금융기관이라는 중개자를 필요로 하지 않기 때문에 결제대행 수수료가 들지 않고 거래의 익명성이 보장되는 장점을 지니고 있다. 계좌는 비트코인 사이트에서 만들 수 있고, 비트코인은 지갑 파일 형태로 저장된다. 이 지갑에는 각각의 고유주소가 부여되며, 그 주소를 기반으로 비트코인 거래가 이뤄진다. 비트코인은 '투명화폐', '디지털 가상화폐', '인류 최초의 참여형 금융네트워크' 등으로도 불린다.

현재 중국 · 일본 · 유럽 등에서 활발히 거래되고 있다. 메리어트호텔 · 나이키 · 갭 · 버거킹 등 미국 전역 5만여 개 소매점에서 통용되고 있다. 지난 13일엔 비트코인만으로 세계 일주에 성공한 미국 부부가 월스트리트저널WSJ에 소개됐고, 10월 말엔 캐나다에 비트코인 현금인출

기ATM까지 생겼다.

온라인 가상화폐라는 점에서 비트코인은 '도토리' 같은 사이버머니와 비슷하지만 사이버머니는 발행회사가 있고, 비트코인은 별도의 발행회사가 없다는 차이점이 있다. 거래도 정부 · 중앙은행의 통제 없이 'P2P다자간 파일공유' 방식을 통해 이용자들끼리 직접 이뤄지기 때문에 전 세계 어디서든 다른 이용자와 실시간으로 돈을 주고받을 수 있다.

통화팽창에 의한 부작용을 막기 위해 2145년까지 비트코인 발행량을 2천 100만 개로 제한해 두었다. 현재까지 발행된 비트코인 수는 1천 200만 개로 현재 시가로는 6조원어치에 이른다. 비트코인은 주인 · 중앙 · 국경이 없는 3무의 사이버머니라는 점이 큰 특징이다.

(2013년 12월)

7.11 FOMC

한국은행은 지난 10일 금융통화위원회를 열어 기준금리를 16개월째 2.0% 수준으로 동결했다. 기준금리를 16개월째 그대로 유지한 것은 한은 사상 최장 기준금리 동결이다. 한은은 국제 금융위기 직후인 2008년 10월 연 5.25%이던 기준금리를 지난해 2월까지 총 여섯 차례에 걸쳐 3.25%포인트 내려 2%까지 낮춘 후 조정하지 않고 있다.

금융통화위원회는 통화신용정책과 한국은행의 운영에 관한 주요 사항을 심의·의결하는 한국은행의 정책결정기구다. 금융통화위원회의 역할을 미국에서는 FOMC연방공개시장위원회가 담당한다. 미국의 중앙은행인 연방준비제도는 정부와 민간인 간의 권력을 분산하기 위해 12개의 연방준비은행, 연방준비이사회, 그리고 연방공개시장위원회Federal Open Market Committee ; FOMC 등으로 구분돼 있다. FOMC는 일반적으로 1년에 8번(약 6주마다 1번씩) 회의를 가지며, 이때 통화에 영향을 주는 공개시장조작에 관한 의사결정을 한다.

공개시장조작이란 중앙은행이 증권시장에서 국공채를 매입하거나 매각해 통화량을 조절하는 것을 뜻한다. 공개시장조작은 FOMC가 화폐 공급을 통제하기 위해 가지고 있는 가장 중요한 수단이기 때문에 FOMC는 연방준비제도에서 정책 결정의 핵심 기관이다. FOMC는 중

권을 직접 매입하거나 매각하지 않고 뉴욕 연준은행의 거래부서에 공개 시장조작에 관한 지시를 내린다. FOMC 구성은 7명의 연준이사회 이사들, 뉴욕연준은행 총재, 4명의 다른 연준총재들로 이뤄진다.

연준이사회 의장이 FOMC 의장으로 회의를 주재한다. FOMC 회의는 워싱턴에서 화요일 오전 9시에 시작하며 주요 안건은 외환에 대한 공개시장조작, 국내 공개시장조작, 이와 관련한 기타 쟁점들이다. 거시경제 전망, 현재의 통화정책과 국내 정책지침 등도 논의하며 오후 2시경 FOMC 회의가 끝나면 회의결과에 대한 공식발표가 이뤄진다.

(2010년 6월)

7.12 금융통화위원회

지난 9일 한국은행은 금융통화위원회를 개최하여 전 세계 주요국 중앙은행의 금리 인하에 맞춰 기준금리를 연 5.25%에서 5%로 0.25% 포인트 내렸다. 또한 경기침체를 우려하여 향후 추가 금리 인하 가능성도 내비쳤다.

이는 우리나라의 통화정책이 긴축에서 완화로 가는 것을 의미한다. 당초 이번 금융통화위가 기준금리를 동결할 것이란 전망을 뒤집고 전격 금리를 내린 배경에는 전날 밤 미국, 유럽연합 등 주요국 중앙은행의 동반 금리 인하가 주된 요인이지만 아울러 한국은행의 통화정책 무게 중심도 '물가' 에서 '경기' 로 바뀐 것을 나타낸다. 금융통화위는 통화신용정책과 한국은행의 운영에 관한 주요 사항을 심의 · 의결하는 한국은행의 정책결정기구이다. 이 위원회는 한국은행총재가 의장을 맡고 한국은행총재, 기획재정부장관, 금융감독위원장 등의 추천으로 대통령이 임명하는 임명직 위원 6명을 포함하여 모두 7인으로 구성된다.

금융통화위는 한국은행의 목적인 물가안정의 달성을 위해 대출정책, 지급준비율정책, 공개시장조작 등 전통적인 통화신용정책수단을 구사한다. 은행 여 · 수신 금리의 최고한도를 결정하고 통화팽창이 극심한 경우 은행의 자금운용을 제한하는 등의 직접적인 정책수단도 행사

할 수 있다. 그밖에 한국은행의 정관변경, 조직, 기구, 예 · 결산, 한국은행의 운영에 관한 주요 사항을 심의 · 의결한다. 한국의 금융통화위의 역할을 미국에서는 FOMC연방공개시장위원회가 담당한다.

(2008년 10월)

제8장

경제발전 (경제성장)

8.1 저축의 역설

금리가 사상 최저인 1.25%임에도 불구하고 가계 저축이 급속도로 늘어나고 있다. 지난 23일 OECD에 따르면, 올해 한국의 가계저축률은 8.66%로 OECD 회원국 중 다섯 번째로 높은 것으로 나타났다. OECD 34개 회원국 중 올해 한국보다 가계저축률이 높은 나라는 스위스(20.13%), 룩셈부르크(17.48%), 스웨덴(16.45%), 독일(10.38%) 등 네 나라뿐이다. 한국의 가계저축률은 2011년 3.86%, 2012년 3.90%에서 2013년 5.60%로 증가했고 2014년 7.18%, 2015년 8.82%(추정치)로 계속 오름세다.

금리가 낮아지면 낮은 이자수익 때문에 자금을 저축하는 대신 투자에 나서게 된다는 것이 정설이다. 그래서 경기 부양을 위해서 금리를 낮춘다. 하지만 금리를 낮추는데도 오히려 저축이 늘어나는 비정상적인 상황인 저금리의 역설이 발생한 것이다. 나아가 우리 경제가 '저축의 역설paradox of saving'에 빠질 우려가 커지고 있다.

저축의 역설이란 개인은 미래를 위해 소비를 줄이고 저축을 늘리는 합리적 행동을 하지만, 경제 전체적으로는 유효수요가 줄어들어 내수가 침체돼 결국 불황으로 연결되어 저축이 미덕이 아니라는 것이다. 영국의 경제학자 케인스는 이런 현상을 지적하면서 소비가 미덕이고 저축은

악덕이라고 했다.

이번 저축률의 증가 원인은 경기침체 속의 고용불안, 빠른 속도의 고령화, 전월세 가격 상승으로 인한 강제저축 등으로 분석된다. 이런 저축률의 증가는 경제 전반의 소비를 줄이는 역효과로 나타난다.

통계청 자료에 의하면, 소득 하위 20~40%에 해당하는 2분위의 평균소비성향은 79.7%로 3.5%포인트 낮아지는 등 고소득층을 제외하고는 모든 계층이 소비를 줄이고 있다는 것이다. 더 큰 문제는 가장 활발한 소비를 하는 30 · 40대 인구의 감소세가 너무 빠르다는 것이다. 30대는 2011년의 808만 9천 명을 정점으로 이미 인구가 하락하고 있고 40대 역시 2011년(853만 3천 명) 이후 인구가 줄고 있다.

(2016년 8월)

8.2 무인자동차

무인자동차, 또는 자율주행자동차Self-Driving Cars는 운전자가 운전대와 가속페달, 제동장치 등을 조작하지 않아도 스스로 목적지를 찾아가는 자동차를 말한다. 무인자동차 시장에는 이미 세계 주요 자동차 메이커와 미국 전기차기업인 테슬라까지 가세해 치열한 경쟁을 벌이고 있다. 구글도 지난해 12월 무인자동차 시제품을 인터넷에 공개했고 애플과 소니 등도 기술개발에 뛰어들고 있다. 현대차는 2020년부터 고속도로는 물론 도심에서도 사람이 손과 발을 사용하지 않고도 운전이 가능한 자율주행차량을 상용화한다는 목표다.

무인자동차는 여러 가지 장점이 있다. 교통체증과 교통사고가 획기적으로 줄어들고, 에너지와 환경문제 해결에도 큰 도움을 준다. 미국고속도로교통안전국은 그동안의 시험 결과, 차량 간 통신기술의 상용화만으로도 미국에서 약 50만 건의 교통사고를 줄이고, 1천 명 이상 사망자 수를 줄일 수 있다고 평가했다. 여럿이 함께 공유하는 무인자동차 1대가 있으면 출퇴근 시간대에 자동차 운행이 14대 감소하고, 기존 대도시 주차공간의 20%만으로도 주차문제를 해결할 수 있다는 연구도 있다.

예측 모델에 따라 다르지만 무인자동차가 등장하면 현재 자동차의 90% 이상이 불필요해진다고 한다. 그만큼 공기도 좋아지고, 도로는 줄

어든다. 물론 택시운전자, 자동차 딜러, 자동차 정비사, 주차장 관리인은 일자리를 잃을 수도 있다. 또한 무인자동차가 보편화되는 순간 국내 기업을 포함한 자동차 제조사 대부분이 사라질 수도 있다.

자율주행차에 대한 규제와 법규는 이제 막 논의를 시작했다. 운전의 주체가 사람에서 자동차로 바뀌는 상황에서 사고의 책임을 누구한테 물을 것인지, 사고 발생 시 보험을 어떻게 적용할 것인지 복잡한 문제가 한두 가지가 아니다. 무인자동차에는 카메라, 센서, 레이더, 레이저, 위성항법장치GPS 등이 들어가는데 현재 기준으로 7만 5천 달러(약 8천 300만원) 정도가 필요하다는 분석이다. 이러한 비용이 무인자동차 상용화의 장애물이다.

(2015년 4월)

8.3 30-50 클럽

내년(2015년) 우리나라는 1인당 국민소득 3만 달러와 인구 5천만 명을 동시에 갖춘 국가를 의미하는 '30-50 클럽'에 가입할 전망이다. 전 세계에서 1인당 국민소득이 3만 달러30K를 넘고, 인구도 5천만 명50M이 넘는 국가는 지금까지 6개국(미국 · 영국 · 독일 · 프랑스 · 이탈리아 · 일본)뿐이다. '30-50 클럽'에 도달한다는 것은 높은 생활수준과 대외적으로 비중 있는 경제 규모를 함께 갖춰, 강국 대열에 올라선다는 의미를 갖는다.

현대경제연구원은 지난달 5일 '2015년 한국 경제의 주요 특징과 경제전망'이란 보고서에서, 내년 우리나라 국민 1인당 국민소득GNI이 올해 2만 8천 831달러에서 4.2% 증가한 3만 88달러에 이르러 처음으로 3만 달러를 돌파할 전망이라고 밝혔다. 2006년 1인당 국민소득 2만 달러를 달성한 이후 9년 만이다. 인구는 2012년 5천만 명을 초과했고 2015년에는 5천 62만 명으로 예상됨에 따라 우리나라는 2012년 '20-50 클럽'(국민소득 2만 달러 · 인구 5천만 명)에 가입한 지 3년 만에 '30-50 클럽'에도 들어가게 되는 것이다. 2005년 이탈리아가 국민소득 3만 달러를 넘어 6번째로 가입한 지 10년 만에 새로운 '30-50' 국가가 탄생하는 것이다.

이미 '30-50 클럽'에 가입한 국가들의 가입연도를 보면, 미국 1996년, 영국 · 독일 · 프랑스 2004년, 이탈리아 2005년, 일본은 1992년이다.

소득수준으로만 보면 덴마크, 싱가포르, 룩셈부르크 등이 1인당 소득 4만 달러를 넘는 부국이지만 인구가 적어 세계경제에서 차지하는 비중이 적다. 반면 중국, 인도, 브라질 등은 인구는 많지만 소득이 적어 선진국에는 아직 못 미친다. 한번 '30-50'에 도달하면 거침없이 성장세를 유지하고, 기존 '30-50' 국가 중 이탈리아를 제외하고 모두 국민소득 4만 달러에 도달했다는 특징이 있다.

한편 이 보고서에 의하면 2015년 한국 경제전망으로 경제성장률은 3.6%, 수출은 4.4%, 소비자물가는 1.9%, 15~64세 고용률은 66.2%로 예측했다.

(2014년 11월)

8.4 20-50 클럽

지난 23일 우리나라 인구가 5천만 명을 돌파했다. 작년 말 기준 국내인구는 4천 977만 명이고, 인구 증가 속도는 1분당 0.43명이라는 것이 통계청 추정이다. 이를 근거로 계산하면 인구 5천만 명 돌파시점이 바로 지난 23일이었다. 우리나라의 지난해 1인당 소득은 2만 2천 778 달러로 인구가 5천만 명을 넘기면서, 1인당 소득 2만 달러-인구 5천만 명을 갖춘 20-50 클럽에 가입한 것이다.

'20-50 클럽'은 1인당 소득 2만 달러, 인구 5천만 명을 동시에 충족하는 나라를 뜻한다. 국제사회에서 1인당 소득 2만 달러는 선진국 문턱으로 진입하는 소득기준으로, 인구 5천만 명은 인구 강국과 소국을 나누는 기준으로 각각 통용된다. 우리나라의 20-50 클럽 가입은 1996년 영국 이후 세계에서 처음 나온 사례이다. 기존에 20-50 클럽에 가입한 나라는 일본(1987), 미국(1988), 프랑스 · 이탈리아(1990), 독일(1991), 영국(1996) 등 6개 선진국뿐이다. 20-50 클럽 가입은 우리나라가 확실한 선진국 대열에 진입했다는 신호라는 점에서 의미가 깊다.

20-50 클럽에 가입한 국가들은 예외 없이 '30-50 클럽'(1인당 소득 3만 달러, 인구 5천만 명) 진입에도 성공했다. 그러나 우리나라의 20-

50 클럽 지위는 앞으로 33년 동안만 유지되는 시한부다. 낮은 출산율 탓에 인구가 2045년에는 다시 4천만 명대로 떨어질 것이라는 게 통계청의 추정이다.

한국 경제가 30-50클럽으로 도약하려면 첫째, 경제활동을 하는 인구, 즉 생산가능인구(15~64세)가 일정 숫자 이상으로 유지되어야 하고 둘째, 낮은 출산율을 하루빨리 끌어올려야 한다. 셋째, 서비스산업 육성 등 산업구조 개선과 노동시장의 유연성 확대 등 고용시장 개혁 및 부실기업과 업종 구조조정 등 경제 전반에 대한 근본적인 개혁이 필요하다.

(2012년 6월)

8.5 베이비노믹스

베이비노믹스babynomics란 아기baby와 경제economics를 합성해 만든 용어다. 영국 윌리엄 왕세손 부부의 첫 아들이 탄생하면서 가져다주는 경제효과를 일컫는 신조어이다. 윌리엄 왕세손과 케이트 미들턴 왕세손비 부부 사이에서 태어난 아들 조지 알렉산더 루이스, 즉 로열베이비의 탄생이 미칠 경제효과를 뜻한다.

2013년 7월 22일 오후 4시(현지시간)에 영국 윌리엄 왕세손과 케이트 미들턴 왕세손비는 3.8kg의 남자아이를 출산했다. 엘리자베스 2세 여왕의 3대손 직계 장자인 로열베이비는 할아버지 찰스 왕세자와 아버지 윌리엄 왕세손에 이어 영국 왕위 계승서열 3위에 올랐다. 이 로열베이비의 탄생은 침체에 빠진 영국 경제에 활력을 불어넣을 것으로 예상돼 관심이 집중됐다.

영국 왕실은 평균 80%대 지지도를 유지하는 등 높은 인기를 누려왔으나, 1990년대 찰스 왕세자와 다이애나가 이혼한 이후부터 지지도가 하락하기 시작했다. 그러다 1997년 다이애나비가 사망한 이후 동정여론이 우세해지면서 인기를 되찾기 시작했으며, 2011년 4월 윌리엄 왕세손과 케이트 미들턴 왕세손빈의 결혼으로 전 세계의 주목을 받았다.

지난 2015년 5월 2일 오전 8시(현지시간)에 윌리엄 왕세손과 케이

트 미들턴 왕세손비 부부가 딸을 출산하면서 베이비노믹스에 대한 관심이 다시 커지고 있다. 샬럿 엘리자베스 다이애나라는 이름을 갖게 된 공주는 오빠인 조지왕자에 이어 왕위 계승 서열 4위에 올랐다. 공주의 탄생으로 경제효과를 기대하는 분위기가 이어지고 있다. 퇴원 당시 공주를 감쌌던 숄과 카시트 등에 대한 문의가 폭발적이었고 퇴원 당일 왕세손비가 입었던 원피스, 조지왕자의 스웨터 등도 화제를 모았다.

영국 조폐국은 공주 탄생 기념 금화와 은화를 선보였고, 도자기 회사 로열 크라운 더비는 한정판으로 컵과 접시 등을 출시했다. 영국유통리서치센터는 로열베이비 관련 기념품과 공주가 쓰는 유아용품 브랜드 홍보효과 등 모두 1천 289억원 가량의 경제유발효과를 낼 것으로 예상했다.

(2015년 8월)

8.6 립스틱 효과

경기가 불황일 때 나타나는 현상 중에 '립스틱 효과'라는 것이 있다. 경기 침체기에는 비싼 옷을 사거나 헤어스타일을 바꾸는 대신 상대적으로 싼 가격에 자신의 분위기를 바꿀 수 있는 립스틱 구매가 늘어나 불경기에는 립스틱 매출이 증가한다고 한다. 이처럼 불경기에 값비싼 화장품이 안 팔리고 립스틱처럼 값싼 제품이 잘 팔리는 현상을 '립스틱 효과Lipstick effect'라고 한다. 즉, 불황기에 돈을 최대한 아끼면서도 품위를 유지하고 심리적 만족을 추구하는 소비자의 소비성향을 의미한다.

실제로 경기가 불황일 때인 2008년 하반기 국내 유명백화점의 립스틱 매출은 전년과 비교해 20~30% 가량 증가했다. 미국의 화장품업체인 에스티로더사는 자사의 립스틱 판매량과 경기와의 상관관계를 보여주는 '립스틱 지수Lipstick Index'를 만들기도 했다.

이 지수에 따르면 경기가 좋지 않을수록 립스틱 판매율은 높아진다. 이와 비슷한 의미로 남성들에게 적용되는 '넥타이 효과'를 들 수 있다. 또 경기가 좋으면 위스키 매출이 늘어나지만 경기가 나쁠 때는 위스키 대신 소주가 잘 팔리고, 병원도 호황기에는 성형외과가 호황이지만 불황일 때는 스트레스 때문에 신경정신과 환자가 늘어난다고 한다.

경기 불황기에는 '1천원' 마케팅이 인기를 누리고, 새것처럼 수리

해 주는 리폼reform, 재활용하는 리사이클링recycling, 재생용품을 재충전하는 리필refill 같은 이른바 '3R 산업'이 뜬다. 경기침체가 장기화되면서 휴가문화도 달라지고 있다. '스테이케이션'과 '몰캉스' 같은 단어들이 새로이 등장하고 있다.

스테이케이션staycation은 'stay머물다'와 '휴가vacation'를 합친 말이다. 돈 들고 붐비는 휴가지 대신 집에서 여유롭게 휴가를 보낸다는 뜻이다.

쇼핑센터mall와 바캉스vacance를 합친 '몰캉스mallcance'는 시원하고 쾌적한 쇼핑몰에서 휴가를 해결하는 것을 말한다. 휴가는 없다는 뜻의 '노캉스nocance'라는 말도 있다.

(2012년 8월)

8.7 경기변동

올해 우리 경제는 경제성장률보다 물가 상승률이 더 높을 것으로 예상되고 있다. 경기가 침체되는 가운데 물가가 상승하는 스태그플레이션이 올지 모른다는 우려도 나오고 있다. 한편에서는 올 들어 GDP 성장률이 지속적으로 하락함에 따라 우리 경제가 경기후퇴에 빠진 것이 아닌가라는 진단을 하고 있다.

경제는 살아 움직이는 생명체와 같아서 확장과 수축을 반복한다. 경제활동이 상당한 규칙성을 보이며 확장국면과 수축국면을 반복해서 나타내는 현상을 '경기변동business cycle' 또는 '경기순환'이라 한다. 평균적인 경제활동 수준보다 훨씬 더 활기 있는 생산과 지출이 이뤄져 경제가 호경기를 누리는 때가 있는가 하면 평균 수준보다 훨씬 밑도는 불경기를 경험하기도 한다.

경기순환과정에서 경기가 가장 나쁜 상태를 '계곡' 또는 '저점'이라 한다. 가장 좋은 상태를 '정상' 혹은 '정점'이라 한다. 계곡에서 정상까지를 확장국면, 정상에서 계곡까지를 수축국면이라 한다. 계곡에서 다음 계곡까지를 경기순환의 한 주기라 한다. 확장국면을 회복과 호황으로 구분하고 수축국면을 후퇴와 불황으로 구분해 경기순환의 4국면이라 부른다.

경기변동은 정부, 기업, 그리고 국민의 일상생활까지 직접적인 영향을 미친다. 예를 들면 물건 판매량이 늘어나는 경우는 가계가 소비를 늘린다는 것이므로 확장국면이라고 판단할 수 있다. 그러나 시장에는 수많은 상품이 있기 때문에 어느 특정 상품의 판매량을 가지고 경기순환 국면을 진단하는 데는 어려움이 있다. 따라서 모든 품목을 포함하는 종합적인 경제지표를 활용하는 것이 일반적이다.

대표적인 종합경제지표로는 국내에서 최종소비재로 판매되는 재화 및 서비스의 판매량 개념인 GDP[국내총생산]를 사용한다. 확장국면에서는 GDP가 증가하고 물가도 상승하는 반면, 수축국면에서는 GDP와 물가 모두 하락하는 모습을 보이는 것이 일반적이다.

(2011년 11월)

8.8 더블딥

경기가 일정 수준으로 회복한 뒤에 다시 침체에 빠지는 현상인 '더블딥double dip'에 대한 논란이 확산되고 있다. 더블딥은 경기침체 후 잠시 회복기를 보이다가 다시 침체에 빠지는 '이중침체 현상'을 뜻한다.

즉, 2분기 연속의 마이너스 성장을 끝내고 잠시 회복 기미를 보이는 듯하던 경기가 다시 2분기 연속 마이너스 성장으로 추락하는 것을 의미한다. 두 번의 경기침체를 겪어야 회복기로 돌아선다는 점에서 'W자형' 경제구조라고도 한다. 우리말로는 '이중 하강 · 이중 하락 · 이중 침체' 등으로 표현한다. 2001년 미국에서 처음 등장한 신조어로, 보통 부진한 기업투자와 민간소비 약화로 인해 생긴다. 경기침체가 저점에 달한 뒤 곧바로 상승세를 타는 'V자형'이나, 경기침체가 저점에 달한 뒤에도 곧바로 회복 기미를 보이지 않고 한동안 침체를 유지하다 서서히 상승세를 타는 'U자형' 등 기존의 방식과는 차이가 있다.

예를 들면 경기 침체기에 기업들이 생산량을 늘리면 일시적으로 경기가 반등하는 것처럼 보인다. 그러나 실제로는 국민경제 악화로 인해 수요 침체가 다시 강화됨으로써 거듭 경기 하락 국면으로 접어들게 되는데, 이러한 현상이 바로 더블딥이다.

세계경제의 더블딥 우려는 올 초부터 꾸준히 제기돼 왔다. 그러나

하반기 들어 각종 지표가 회복세를 보이면서 수면 아래로 잠복하는가 했는데 최근 다시 부상했다.

더블딥을 예상하는 전문가들이 점점 힘을 받고 있다. 2001년 노벨 경제학상 수상자인 조지프 스티글리츠 교수, 2008년 수상자인 폴 크루그먼 교수 등이 더블딥을 주장하는 쪽이다. 그들은 확장적 재정정책의 한계와 미진한 소비회복 등을 근거로 들면서 더블딥에 빠져들 수밖에 없다고 주장한다.

(2009년 10월)

8.9 소비평탄화 이론

'소비평탄화consumption smoothing'는 소득이 들쭉날쭉 해도 사람들은 안정적 삶을 위해 소비수준을 일정하게 유지하려는 경향이 있다는 이론이다. 즉, 사람들은 일정한 소비패턴을 유지하려 하기 때문에 미래에 소득이 급격히 줄어들 가능성이 높으면 현재 소비를 줄이고 미래의 안정적 소비를 위해 저축을 늘린다는 것이다.

미국 캘리포니아공대의 카일 칼슨 박사를 비롯한 4명의 연구진은 이 이론을 검증하기 위해 1996~2003년 미 프로구단에 입단한 미식축구선수 2천 16명을 대상으로 조사했다. 대상 선수들의 평균 연봉은 320만 달러(약 35억원)에 달했다. 하지만 프로풋볼은 격렬한 운동으로 부상 위험이 크고 체력 부담이 높기 때문에 선수 생명도 짧다. 이론대로라면 선수들은 고액 연봉을 받더라도 은퇴 후를 대비해 많은 돈을 저축해야 한다.

조사 결과 15.7%가 12년 내 법원에 개인파산을 신청했다. 프로풋볼 선수들이 저축을 많이 하는 대신 빚까지 내서 투자했다가 실패하는 경우가 많았기 때문인 것으로 추정되며, 이에 따라 '소비평탄화이론'은 프로풋볼 선수들에겐 적용되지 않는다는 사실이 밝혀졌다.

이 밖에 소비함수, 즉 소비와 그 수준을 결정하는 변수에 대한 이론

을 살펴보면 다음과 같은 가설들이 있다. 케인즈의 '절대소득가설'에 의하면 소비는 그 당시 절대적인 크기에 의해 결정된다고 한다. 듀젠베리의 '상대소득가설'은 소비의 이중적 성격에 따라 장기소비성향과 단기소비성향이 다르며 한 번 늘어난 소비는 잘 줄어들지 않는다는 것이다. 즉, 소득이 증가하면 소비는 즉시 증가하지만 소득이 감소하면 소비는 단계적으로 감소한다는 것이다.

프리드만의 '항상소득가설'은 소비는 그가 보유하고 있는 자산과 현재 및 미래 소득의 현재가치에 달려 있다고 한다. 모딜리아니의 '라이프사이클 가설'은, 사람들은 평생소비의 평탄화를 추구하기 때문에 소득이 증가할 때 단기적으로는 소비하지만 장기적으로는 자산을 취득한다고 주장한다.

(2015년 5월)

8.10 톱니효과

신용카드 빚 때문에 은행강도 짓을 하다가 붙잡힌 일당이 있는가 하면, 자살하는 여대생이 있는 등 신용카드를 제대로 사용하지 못해서 생기는 폐해가 한두 건이 아니다. 지난해 10월까지 발급된 신용카드가 8천만 장이 넘는다고 한다. 또 전체 신용불량자 100만여 명 가운데 17.2%가 30세 미만이라는 통계가 발표되었다.

마치 요술 방망이처럼 모든 것을 해결해 주는 듯이 보이는 신용카드 광고가 소득이 없거나 적은 젊은이들에게 카드 사용을 부추기는 면도 없지 않다. 갚을 능력도 없으면서 신용카드를 사용하는 것은 '외상이면 소도 잡아먹는다'는 옛말처럼 나중에는 어찌되든지 일단은 쓰고 보자는 심리도 한몫 한다. 또 직장생활을 하다가 실직한 사람들이 생활은 해야겠고 소득은 없는 때에도 발생한다. 후자의 경우는 경제학 이론인 톱니효과ratchet effect로 설명할 수 있다.

톱니효과란 일단 어느 소비수준에 익숙하게 되면 그의 소득이 감소한다 하더라도 소비수준을 낮추지 않는 것을 의미하며, 이 내용을 그림으로 나타내면 마치 톱니처럼 보인다 하여 듀젠베리J. S. Duesenberry라는 경제학자가 붙인 이름이다. 실직하면 소득이 감소하는데도 불구하고 소비를 줄이지 못하기 때문에 당장 손쉬운 카드로 물품 대금을 지불하

거나 현금 서비스 등을 이용하게 되는데 그 대금을 갚지 못하면 신용불량자가 되고 마는 것이다.

물론 잘만 사용하면 번거롭게 현금을 가지고 다니지 않아도 되고, 온라인상이나 홈쇼핑 등에서 유용한 결제수단이 되기도 한다. 또한 소득공제 혜택도 받을 수 있는 등 신용카드의 장점도 있다. 그렇지만 이런 장점은 합리적으로 소비하는 냉철한 사람에게만 해당되는 일이다. 우리 주변에 충동적으로 카드 결제한 뒤에 후회해 본 경험이 없는 사람은 별로 없을 듯하다.

신용카드 빚으로 고민하는 많은 사람들은 '부자가 되려면 신용카드를 버려야 한다'는 워렌 버펫이라는 미국의 억만장자가 한 말을 새겨볼 일이다.

(2002년 3월)

제9장

부동산

9.1 업계약서

부동산 거래에 있어서 실거래가격보다 낮게 계약서를 작성하는 '다운down계약'보다 실거래가격보다 올리는 '업up계약'이 더 빠르게 증가하고 있는 것으로 나타났다. 업계약서는 실제 계약금액보다 가격을 높여 시 · 군 · 구에 신고하기 위해 작성하는 이중 계약서로 다운계약서와 대비되는 의미로 쓰인다.

지난 2일 발표된 '부동산 거래신고 위반 현황' 자료에 따르면 업계약 적발 건수는 2012년 290건으로 다운계약 적발 건수(270건)를 넘어섰다. 다음해인 2013년 업계약 적발 건수(175건)는 다운계약(284건)보다 적었으나, 과태료 부과액은 84억원으로 다운계약(53억원)보다 많았다. 지난해에는 업계약 적발 건수(366건)가 다운계약(325건)을 다시 앞질렀다. 다운계약서를 쓰게 되면 매도자는 양도소득세를 줄일 수 있고, 매수자는 취득세를 낮출 수 있다. 업계약을 하게 되면 매수자는 취득세를 더 내지만 향후 집을 팔 때 양도소득세를 줄일 수 있다. 국세인 양도소득세는 과세표준(양도차익－각종공제)에 적용되는 세율이 6～38%(1년 미만 보유는 일괄 40%)로 높다.

집값이 많이 오르면 실거래가의 1.1～3.5%를 내는 취득세보다 부담이 클 수밖에 없다. 하지만 다운계약 또는 업계약이 적발되면 최대

취득세의 세 배에 달하는 과태료를 내야 하고 이와 별도로 신고불성실 가산세도 부담해야 한다. 또한 이런 계약서를 작성해 준 공인중개사는 과태료는 물론, 등록취소가 될 수 있고, 6개월 업무정지 처분을 받을 수 있다. 부동산 매매를 할 때 납부하는 양도세는 매도 시기나 매도액수에 따라 수천만원의 세금을 더 납부해야 하는 상황이 벌어질 수 있으니 절세를 위해서는 부동산 처분 시 사전에 세무계획부터 세우는 것이 필요하다.

부동산은 개인과 개인 간에 비공개적으로 거래되는 게 통례이다 보니 부동산 거래에 따르는 세금에 대해 탈세와 탈법 거래 등의 유혹도 많은 편이지만 무엇보다 합법적인 절세혜택을 누리는 게 중요하다.

(2015년 9월)

9.2 전월세전환율

국토교통부가 집계한 지난 1월의 전국 주택거래량(7만 9천 320가구)이 부동산경기가 절정이던 2007년 1월 거래량(7만 8천 798건)을 넘어섰다. 서울의 주택거래량은 1월과 2월 모두 역대 최고치를 기록했다. 1월 기준 전국 미분양주택은 3만 6천 985가구로 1년 전보다 37% 정도 줄었다. 전반적인 부동산경기 회복에다 실수요자와 투자 수요가 한꺼번에 몰리면서 일반 거래시장과 청약시장이 동시에 달아오르고 있다는 분석이다.

아울러 수도권 전월세전환율이 하락세를 이어가고 있다. 전월세전환율은 전세를 월세로 전환할 때 적용되는 비율이다. 이 비율이 높으면 상대적으로 전세보다 월세 부담이 높다는 의미다. 보증금 1억원을 월세로 돌릴 때 전환율 10%를 적용하면 임대료는 연간 1천만원이다. 매달 내야 하는 월세는 83만원 가량이다.

한국감정원이 지난 6일, 올 1월의 실거래정보를 바탕으로 전월세전환율을 산정한 결과 주택종합 전월세전환율은 7.7%로 나타났다. 유형별로는 아파트 6%, 연립다세대주택 8.1%, 단독주택 9.1% 순으로 조사됐다. 전월세전환율은 2011년 조사 이후 꾸준히 하락세를 보였다. 지방은 지난해 12월과 같은 수준이지만 수도권은 0.1%포인트 하락했다.

전국은 7.7%이며 지방은 8.7%, 수도권은 7.3%로 나타나 지방이 수도권보다 월세 전환 때 부담이 높게 나타났다. 서울과 세종이 가장 낮은 6.8%를 기록하며 지난해 12월보다 0.1%포인트 하락했고, 경북이 가장 높은 10.8%로 조사됐다. 세부 지역별로는 제주(8.0%)가 0.4%포인트 하락해 하락폭이 가장 크게 나타났다.

유형별로는 단독주택이 9.1%로 가장 높은 전월세전환율을 기록한 가운데 연립다세대(8.1%), 아파트(6.0%) 순이었다. 아파트는 수도권이 5.8%, 지방이 6.7%로 지방이 높게 나타났다.

(2015년 3월)

9.3 렌트푸어

가을 이사철을 앞두고 전세금이 급등한 데다 매물은 부족하고, 일부 집주인은 전세금 일부를 월세로 요구하면서 세입자들이 어려움을 겪고 있다. 전세금을 월세로 전환할 때 이자율은 서울이 연 6%대지만 일부 지역은 10%를 웃돌아 서민의 고통이 가중되고 있다. 따라서 늘어난 전세금 부담을 은행대출로 메우면서 힘들어 하는 계층인 '렌트푸어rent poor'도 증가 추세다.

주택담보대출에서 비롯된 가계부채의 불씨가 전세시장으로 옮아붙을 수 있다는 우려도 나온다. 지난달 29일 금융위원회에 따르면 5월 말 기준, 전세자금대출 잔액은 22조 5천억원으로 지난해 12월보다 2조 3천억원(10.2%)이 늘었다.

렌트푸어의 원조격인 '하우스푸어house poor'는 집을 한 채 가졌지만 오히려 그 집 때문에 가난하게 사는 사람들을 뜻한다. 하우스푸어 대부분은 집값이 계속 오르던 시절 무리하게 대출을 받아 집을 샀다. 집값이 떨어지고 금리가 오르는 바람에 이중고를 겪고 있는 것이다. 집값이 향후 5년간 25% 추가 하락하면 금융기관의 부실은 31조원 가량 더 늘어나고, 하우스푸어들은 과거 IMF 외환위기를 능가하는 타격을 입게 될 것으로 전망한다.

또한 가계가 적자 상태이거나 부채가 있는데도 평균 이상으로 교육비를 지출하는 교육 빈곤층을 '에듀푸어edu poor'라 한다. 한 보고서에서 따르면 2011년 현재 에듀푸어는 82만 4천 가구, 가구원은 305만 명으로 추정된다.

이 밖에 푸어가 들어가는 용어로는 직업은 있지만 가난에서 못 벗어난 사람인 '워킹푸어working poor', 노후대비를 못한 은퇴자인 '리타이어푸어retire poor', 등록금 마련이 어려운 대학생인 '스터디푸어study poor', 결혼 준비로 돈이 바닥난 부부인 '허니문푸어honeymoon poor', 아기 양육비 부담이 너무 큰 사람을 뜻하는 '베이비푸어baby poor' 등이 있다.

(2012년 9월)

9.4 하우스푸어

집을 가지고 있지만 가난한 사람들이란 의미의 '하우스푸어house poor'는 통상 무리하게 대출받아 집을 샀다 이자 부담 때문에 힘겹게 살아가는 사람들을 지칭한다.

지난해 우리나라에서 주택을 보유한 1천 71만 가구의 10.1%인 108만 가구가 하우스푸어인 것으로 추정된다는 연구결과가 최근 발표됐다. 무리하게 대출을 받아 집을 사서 원리금 상환 때문에 생계에 고통을 받는 30～40대 가구가 69만 2천 가구에 달하고, 이는 집을 가진 전체 30～40대 가구(432만 2천 가구)의 16%에 해당한다. 이들 가운데 40대의 경우, 월평균 273만 7천원의 가처분소득 중 42.1%(115만 1천원)를 원리금 상환에 사용하고 있었다. 게다가 이자만 내는 가구가 많다는 게 문제다.

한국은행에 따르면 주택담보대출 중 이자만 내는 대출 비중은 84%에 달한다. 10～15년 만기 주택대출이라도 3년 정도의 이자만 내는 기간이 끝나면 원금까지 더해 갚아야 하기 때문에 원리금 부담이 급증한다. 보고서에 따르면, 한 채의 집을 갖고 있지만 집 장만을 위해 대출을 받았고, 대출 상환이 생계에 부담이 되는 가구를 하우스푸어로 정의했을 경우 광의의 하우스푸어는 156만 9천 가구 · 549만 1천 명, 협

의의 하우스푸어는 108만 4천 가구 · 374만 4천 명인 것으로 추산됐다. 광의의 하우스푸어는 주택을 보유하고 있고 거주주택 마련을 위해 대출을 받고 있으며 원리금 상환으로 생계에 부담을 느껴 실제로 가계지출을 줄이는 가구다.

협의의 하우스푸어는 광의의 하우스푸어 조건을 충족하면서 보유주택이 1채이고 가처분소득 대비 원리금 비중이 최소 10% 이상인 가구를 뜻한다. 앞으로 대출금리가 1% 오를 때 하우스푸어의 월평균 원리금 상환액은 102만 3천원에서 109만 3천원으로 6.8% 늘어날 것으로 추정했다.

(2011년 5월)

9.5 DTI

지난 7일부터 은행 주택담보대출에 대한 총부채상환비율Debt-to-Income ; DTI 규제가 수도권 전역으로 확대됐다. DTI는 대출자의 채무상환 능력을 반영해 대출금을 결정하는 제도로, 수도권 지역의 집값 상승과 대출 증가세를 억제하려는 조치이다.

집값이 과도하게 상승하고 있다고 판단한 정부가 '총부채상환비율의 수도권 전 지역 확대 적용'이라는 대출규제를 시행한 것이다. DTI 규제가 강화되면서 주택시장에서 매수심리가 빠르게 위축되고 있다.

DTI는 총부채상환비율, 곧 총소득에서 부채의 연간 원리금 상환액이 차지하는 비율을 말한다. 보통은 부동산 등 담보를 기준으로 대출금액을 산정했지만, DTI는 소득으로 대출금을 산정하는 방식이다. 즉, 금융부채 상환능력을 소득으로 따져서 대출한도를 정하는 계산비율을 말한다. DTI는 대출상환액이 소득의 일정 비율을 넘지 않도록 제한하기 위해 실시한다. 예를 들어 연간 소득이 5천만원이고 DTI를 40%로 설정할 경우, 총부채의 연간 원리금 상환액이 2천만원을 초과하지 않도록 대출규모를 제한하는 것이다.

DTI 비율을 축소할수록 연간 소득액에 대한 대출 비율이 작아지기 때문에 대출금이 줄어들 수밖에 없다. DTI는 연간 소득에서 원리금 상

환이 차지하는 비율을 나타내는 것이므로, 대출 기간을 장기로 할 경우에는 대출한도의 축소분을 상당 부분 보전할 수 있다. 서울의 경우 주택담보대출 금액이 5천만원을 초과하면 DTI가 50%, 인천 · 경기지역은 60%가 적용된다. 서울지역 가운데도 강남 3구는 종전처럼 DTI 40~50%를 유지한다.

DTI 규제는 기존 주택을 구입할 때만 적용된다. 하지만 서민이나 실수요자가 주로 이용하는 5천만원 이하의 대출(전 금융기관 합산), 이주비, 중도금, 집단대출, 미분양 주택의 담보대출 등은 DTI 적용을 받지 않는다.

(2009년 9월)

9.6 모기지론

우리나라와 미국의 생활방식 중에 가장 차이 나는 것 중의 하나는 주거 형태이다. 우리나라는 월세와 전세, 그리고 자신의 집을 소유하지만, 미국은 월세는 많이 있지만 전세의 개념 자체가 없다. 보통의 사람들은 은행에서 장기로 돈을 빌려서 집을 구입하는 것이 대부분이다.

모기지론mortgage loan은 장기주택저당대출로 번역되며 주택을 담보로 장기간 대출해 주는 제도이다. 은행이 부동산을 담보로 주택저당증권MBS을 발행해 장기주택 자금을 대출해 준다. 이러한 전 과정을 모기지 시장이라고 한다. 이미 선진국에서는 이런 제도가 보편화되어 있지만 우리나라에서는 모기지론을 위해 지난달 2일 정부투자회사인 주택금융공사가 설립되었다. 미국에서는 집값에 관계없이 주택 구입자금 100%를 대출받을 수 있고, 25~30년 사이에 갚아나갈 수 있지만 우리 정부의 계획은 집값의 70% 한도에서 최대 2억원까지 대출을 받은 후에 10~20년 사이에 갚아나가게 하는 것이다.

모기지론의 장점은 전세금보다 적은 자금만으로도 당장 내 집을 마련할 수 있기 때문에 주택가격 상승에 대한 걱정이 없고 고정금리로 매달 일정 금액만 갚으면 되기 때문에 금리변동에 따른 위험이 없다는 것이다.

이런 모기지론 금리가 연 6.7%로 최종 확정됐다고 한다. 한국주택금융공사는 지난 24일 모기지론 금리를 당초 예상했던 6.8%보다 0.1% 포인트 낮춘 6.7%로 확정했다고 한다. 주택금융공사의 모기지론과 시중은행의 주택담보대출의 가장 큰 차이점은 금리인데 모기지론은 고정금리인 반면 주택담보대출은 대개 변동금리인 경우가 많다.

(2004년 3월)

제10장

기타

10.1 부자보고서

KEB하나은행 프라이빗뱅커PB서비스를 이용하는 금융재산 10억원 이상의 부자고객 1천 28명에 대한 설문조사 결과를 담은 '2017 부자보고서Korean Wealth Report'가 지난 2일 발간됐다. 보고서에 따르면 부자들의 월평균 소득액은 2천 326만원, 지출액은 970만원으로 집계됐다. 평균 근로시간은 6시간(주부 · 은퇴자 제외)이었다. 통상 금융자산 10억원 이상을 보유한 개인을 부자라고 지칭하는 데 반해, 부자들은 부자로 일컬어지기 위해서는 순자산(부채 제외)을 최소 100억원 이상 보유해야 한다고 생각했다. 부자들의 보유 부동산 규모는 시가 기준 평균 45억원으로 보유 부동산 종류별 비중은 상업용 부동산(43%), 거주용 부동산(30%), 토지(15%), 투자목적 주택(12%) 순으로 나타났다.

지난해 부자들의 자산 포트폴리오에서 부동산 자산과 금융자산 비중은 각각 49.8%, 50.2%였다. 올해 부자들이 투자할 금융상품으로는 지수연계증권ELS 및 지수연계신탁ELT, 단기 금융상품(1년 미만 정기예금, MMDA, CMA 등), 정기예금, 외화예금 순이었다. 부자들의 82%는 외화자산을 보유하고 있었고, 전체 금융자산 중 평균 5%를 투자하고 있었다. 응답자의 42%는 향후 5년간 실물 경기가 완만하게 혹은 빠르게 침체될 것으로 내다봤다. 부자들이 꼽은 미래 유망산업은 바이오 및 헬스

케어(39%), 인공지능AI(37%), 에너지(전기, 가스, 대체에너지 등)(11%), 정보통신(8%) 순이있다.

부자들의 평균 자녀 결혼 비용의 경우 아들은 7억 4천만원, 딸은 6억 2천만원이었다. 결혼 비용의 85%는 부모가 담당했다. 부자들이 선호하는 상속·증여 수단으로는 부동산(40%), 현금·예금(30%), 주식·채권·펀드(9%) 순이었다.

손주에 대한 증여는 현재 9% 수준이지만 응답자 중 39%가 손주에게 증여할 의향이 있다고 답했다. 부자고객들을 주로 상대하는 PB들이 생각하는 부자들의 자산 축적방법은 상속(49%), 부동산 투자(30%), 근로소득 및 사업소득(20%) 순으로 나타났다.

(2017년 2월)

10.2 로또 1등 당첨금

2002년 12월부터 시작된 로또는 1에서부터 45 사이의 숫자 중 6개를 맞추는 복권으로 1등에 당첨될 확률은 약 800만분의 1이다. 그러나 이 어려운 1등에 당첨되고도 당첨금이 100만원대에 그칠 수 있다는 보고가 있다. 왜냐하면 1등에 당첨되더라도 같이 1등에 당첨된 사람 수가 많으면 당첨금이 적을 수밖에 없기 때문이다.

복권위원회가 지난달 말 추첨한 로또 704회차의 번호 조합을 분석한 결과에 따르면, 4 · 11 · 18 · 25 · 32 · 39가 당첨번호였을 경우 1등 당첨금은 약 132만원에 불과했을 것으로 추산됐다. 이 번호 조합은 로또 용지의 맨 가운데에서 시작하는 세로줄인데, 1만 1천 635명이 선택했다. 따라서 1등 당첨금(154억 6천 76만원)을 당첨자 숫자대로 나누면 132만 8천 814원에 그친다. 둘째로 많은 사람이 선택한 번호는 1 · 2 · 3 · 4 · 5 · 6(첫 번째 가로줄)으로 1만 873명이 구입해 1등이 되더라도 당첨금은 142만원에 그친다. 셋째로 구입자가 많은 번호는 마지막 세로줄(7 · 14 · 21 · 28 · 35 · 42)로 당첨금은 154만원에 불과하다. 넷째는 역대각선(7 · 13 · 19 · 25 · 31 · 37)으로 215만원을, 다섯째는 셋째 세로줄(3 · 10 · 17 · 24 · 31 · 38)로 237만원을 받았을 것이라고 복권위는 밝혔다.

복권위는 또 지난해의 경우 수동으로 구입한 사람들의 1등 당첨 확률이 자동으로 산 사람들보다 약간 더 높았다고 밝혔다.

지난 25일의 708회차 1등은 당첨자 수가 4명이고 1인당 당첨금은 약 40억원이었다. 현재까지 평균 1등 당첨금액은 약 20억원이고 최고 당첨금액은 약 407억원, 최저 1등 당첨금액은 약 4억 500만원이었다. 부산지역에서 1등 당첨금을 가장 많이 배출한 곳은 동구 범일동에 위치한 점포로 현재까지 10회를 배출했다. 현재 708회차까지 1등에 가장 많이 당첨된 번호는 130회의 1과 27번 등이고, 가장 적게 당첨된 번호는 86회의 9번과 89회의 22번 등이다.

(2016년 6월)

10.3 치킨 가맹점

공정거래위원회 산하 한국공정거래조정원은 지난 21일 국내 치킨 프랜차이즈 15개 업체의 가맹점 수, 연평균 매출액 등을 분석한 '프랜차이즈 비교 정보'를 발표했다. 2014년 기준으로 가맹점 수가 많은 상위 15개 업체는 비비큐(가맹점 수 1천 684개), 페리카나(1천 235개), 네네치킨(1천 128개), 교촌치킨(965개), 처갓집양념치킨(888개), 굽네치킨(877개), 비에이치씨(873개), 또래오래(808개), 호식이두마리치킨(802개), 멕시카나(722개), 맘스터치(559개), 훌랄라참숯바베큐(523개), 부어치킨(477개), 맥시칸치킨(451개), 지코바양념치킨(363개) 순이었다.

점포 수 1위는 비비큐였고 페리카나, 네네치킨, 교촌치킨, 처갓집양념치킨이 뒤를 이었다. 조사대상 업체 중 교촌치킨의 가맹점 연평균 매출액이 2014년 기준 4억 1천 946만원으로 가장 높았다. 2위는 비비큐(3억 5천 500만원), 3위는 호식이두마리치킨(3억 2천 847만원), 4위는 맘스터치(2억 7천 983만원), 5위는 굽네치킨(2억 3천 532만원)이었다. 멕시칸치킨(7천 961만원), 부어치킨(1천 432만원), 훌랄라참숯바베큐(1천 778만원)는 연평균 매출액 하위권이있다.

사업자가 가맹본부에 가장 많은 비용을 지급하는 프랜차이즈는 비비큐의 프리미엄 카페였다. 맘스터치는 가맹점 증가율과 신규 개점률이 가장 높아 성장세가 가장 빨랐고, 부어치킨은 폐점률이 가장 높은 것

으로 조사됐다. 가맹본부의 재무구조는 네네치킨이 부채비율이 가장 낮은 반면 자본비율이 가장 높아 건전성이 가장 양호한 것으로 평가됐다. 영업이익 증가율은 또래오래가 194.4%로 가장 높았다. 호식이두마리치킨은 자기자본순이익률(151%)이 가장 높은 것으로 조사됐다.

부산지역의 2014년 기준 연평균 매출액은 비비큐(3억 2천 300만원)가 1위이고, 호식이두마리치킨(2억 8천 111만원), 교촌치킨(2억 6천 803만원), 맘스터치(1억 9천 995만원), 굽네치킨(1억 9천 920만원)이 그 다음 순이었다. 매출액 하위권은 부어치킨(5천 321만원), 맥시칸치킨(8천 495만원), 페리카나(8천 700만원) 순이었다. 치킨 업종의 프랜차이즈 비교정보는 조정원 홈페이지(www.kofair.or.kr) 또는 공정위 가맹사업거래 홈페이지(franchise.ftc.go.kr)에서 확인할 수 있다.

(2016년 2월)

10.4 공유경제

공유경제sharing economy는 타임지가 선정한 세계를 바꿀 10가지 아이디어 중 하나다. 공유경제란 남는 공간, 남는 물건, 남는 일손을 다른 사람과 공유해 운영하는 경제 모델을 의미한다. 이미 생산된 제품을 함께 공유해 새로운 가치를 창출하자는 것이다. 온라인 백과사전 '위키피디아'는 공유경제를 '물품을 소유의 개념이 아닌 서로 대여해 주고 차용해 쓰는 개념으로 인식해 경제활동을 하는 것'으로 정의하고 있다.

공유경제 기업들이 나타나기 시작한 시기는 글로벌 경제위기 후인 2009년 즈음이다. 미국 샌프란시스코에서 하나둘 탄생한 공유경제 기업들이 지금은 수조원의 기업 가치를 지닌 거대 기업이 됐다. 모바일 차량 예약 서비스를 제공하는 기업인 '우버Uber'나 숙박 공유 서비스인 에어비앤비Airbnb가 공유경제의 선두주자라고 할 수 있다.

공유경제는 '협력collaborative 경제', '임시직gig 경제', '온디맨드on-demand : 필요할 때 주문하는 방식 경제' 등으로도 불린다. 공유경제의 규모는 2014년 기준으로 15조원에 달한다. 2025년 즈음에는 335조원 규모로까지 성장할 것이라는 전망이다. 공유경제 기업들이 이렇게 커질 수 있었던 이유는 스마트폰으로 모바일 결제가 가능해졌으며 24시간 인터넷에 연결되는 기술 환경이 조성됐기 때문이다. 또 여태껏 사치라고 여겨

졌던 개인서비스를 대중이 이용할 수 있게 보편화시켰다는 점도 공유경제 기업의 인기에 일조했다.

그러나 공유경제의 편리함 이면에는 나를 태우러 온 운전사가 범죄를 일으킬 소지가 있는 사람은 아닌지, 내가 묵을 방이 화재나 각종 재난으로부터 안전한지에 대해 걱정을 해야 하는 단점도 있다. 기존의 택시나 숙박 시설은 정부가 법으로 정해놓은 사항들을 지켜야만 운영할 수 있기 때문에 안전에 신경을 써야 하는 필요성이 크지 않았지만 공유경제 기업들은 기존의 법규를 적용받지 않기 때문에 이를 감시할 방법이 마땅치 않기 때문이다.

(2015년 12월)

10.5 장마경제학

'장마경제학'은 장마가 경제 전반에 어떤 영향을 미치는가에 관한 내용이다. 많은 비가 농축산업 · 건축업 · 유통업 · 부동산시장 등에 미치는 영향을 살펴보면 다음과 같다.

장마는 농경지 침수피해로 인한 농작물 가격 상승을 가져온다. 우천 시에는 닭이 심한 스트레스를 받아 산란율이 떨어져 달걀 값 급등을 불러온다. 장마는 건설 근로자의 일자리 감소로 건축업에도 악재다. 장마는 백화점이나 대형마트의 매출은 증가시키지만 전통시장이나 골목상권 매출은 감소시킨다. 부동산 거래를 위축시키는 결과도 가져온다. 이 밖에도 장마 기간 중 홈쇼핑 매출이 크게 늘고, 피자 판매는 30% 증가한다는 조사 결과도 나와 있다.

한국기상산업진흥원에 따르면 한국에서는 국내 총생산의 52%에 달하는 산업이 날씨의 영향을 받는다. 일반적으로 손님을 맞는 서비스업은 비가 오는 날에 매출액이 5% 가량 주는데, 특히 강수량이 10mm 이상일 때는 50% 이상 줄어든다고 한다.

지난달 소비자물가 상승률이 연중 최고치 수준으로 오른 데는 이상기후로 출하에 차질을 빚은 채소류 가격 급등이 결정적인 영향을 미친 것으로 분석된다.

통계청은 지난 1일 채소류 가격이 전달보다 21.5% 상승하며 1985년 채소류 통계 작성 이후 가장 높은 상승률을 기록했다고 밝혔다. 장마 기간 중 폭우 등의 영향으로 강수량의 영향을 많이 받는 상추와 시금치 등의 가격이 많이 올랐기 때문이다.

많은 비로 인해 외출을 자제하는 경우가 많아 인터넷 쇼핑이나 배달 주문을 하는 소비자는 급격히 늘어났다. 한 슈퍼의 경우 지난달 26~27일 이틀간 배달 주문이 평소 대비 35% 급증한 5만 4천여 건에 달했다. 이 슈퍼에서 지난달 25~28일까지 가장 많이 팔린 품목을 살펴보면, 지난해 같은 기간보다 '우산 · 우의' 매출이 158.2% 증가했고 부침가루 41.3%, 자동차용품인 와이퍼는 30.8%의 매출 증가를 기록했다.

(2011년 8월)

10.6 이혼의 경제학

1956년 문을 연 한국가정법률상담소가 2006년까지 50년간 서울 본부와 31개 전국 지부에서 상담한 221만 3천 876건의 내용을 통계화해 발표한 내용이 흥미롭다. 연대별로 보면 1950～1960년대의 여성들의 이혼 사유 1위는 '배우자의 외도'(45.7%)였다. 뒤를 이은 것이 '친정 부모에 대한 폭력과 학대'(27.8%)였다.

1980년대에는 남편의 폭력을 호소하는 아내(31.3%)가 1970년대보다 10%나 증가했다. 남편의 폭력 등 배우자의 부당한 대우에 호소하는 아내의 비율은 1990년대에 절정에 달한다. 1980년대(31,1%)에 이어 1990년대(33.5%)에도 남편의 폭력을 이유로 이혼을 상담하는 사례가 증가하는데, 이는 남편들의 폭력 자체가 증가했다기보다는 여성들이 부당한 대우를 참지 않고 이혼이라는 방법을 통해서라도 대응하려는 경향이 강해졌기 때문으로 분석된다.

2000년대 들어 이혼 사유의 주원인은 외도나 폭력이 아니라 IMF 외환위기로 인한 경제문제였다. 이혼율의 증가는 결혼이라는 장기계약이 점차 단기계약으로 바뀌고 있음을 의미한다. 이는 기업의 고용에서 비정규직이 늘어나고 고용기간이 짧아지는 고용의 유연성과 닮은 모습이다.

이혼의 비용 측면을 보면 이혼으로 인한 여성의 소득 감소가 줄어들었다. 여성의 일자리 진출이 늘어나면서 이혼 후에도 여성의 생계유지가 가능해졌기 때문이다.

근래 들어 여성의 높아진 의식수준으로 마음에 들지 않는 남편과의 생활에서 받게 되는 참을 수 없는 불편함이 해소되고 있는 것이다. 이처럼 이혼의 비용은 줄고 편익은 커졌기 때문에 이혼율이 증대하고 있는 것이다.

(2008년 2월)

10.7 로또경제학

바야흐로 로또 시대이다. 2002년 12월부터 시작된 로또의 열풍으로 전국이 시끌벅적한 지도 꽤나 되었지만 아직도 그 열기가 대단하다. 1에서부터 45 사이의 숫자 중 6개를 맞춰 1등에 당첨될 확률은 8,145,060분의 1이다. 이는 조합 $_{45}C_6$을 계산해 보면 쉽게 그 답이 나온다.

이런 확률에도 불구하고 최근 1등에 당첨되는 사람의 숫자가 늘어나고 있다고 한다. 로또가 1장에 2,000원에 판매됐던 때의 1등 당첨자 수는 평균 약 4명이었지만 지난해 8월 로또 판매가격이 1,000원으로 인하 후부터는 평균 7~8명으로 두 배 정도 늘어났다. 로또 당첨 확률은 여전히 814만분의 1인데, 1등에 당첨되는 사람의 숫자가 늘어난 이유는 장당 가격의 하향에도 불구하고 로또 총판매금액이 크게 변하지 않았기 때문이다. 당첨자 숫자를 결정하는 관건은 판매총액이라 할 수 있다. 로또의 가능한 조합은 총 814만 5,060개로, 각 조합을 모두 살 경우 장당 2,000원씩 총 162억 9,012만원이 소요되며 100% 1등에 당첨될 수 있다. 판매총액상 이런 계산으로는 1등 당첨자가 최대 3.7명 나올 수 있다.

다르게 설명하면, 100% 1등에 당첨될 수 있게끔 한 사람이 162억

씩 투자해서 모든 조합 가능한 로또를 구입한다고 가정하면, 약 600억원의 총판매금액을 기준으로 약 3.7명의 1등 당첨자가 가능하다.

판매가격이 1,000원일 경우에는 600억원의 총판매금액 기준으로 조합 가능한 8백 1만 개를 1,000원에 구입하면 총 81억원이 소요되며, 1등 당첨자가 7.4명까지 가능하다.

이 여파로 장당 2,000원이었을 때는 평균 40억원 정도이던 1등 당첨금 규모가 지난해 8월 이후 20억원 미만으로 감소했다고 한다.

(2005년 1월)

찾아보기

ㅇ

ㅈ

생생경제학

초판 1쇄 발행 2017년 8월 21일
초판 3쇄 발행 2023년 2월 20일

지은이 강준규
펴낸이 박기남
기획 · 영업 박정헌
펴낸곳 **율곡출판사**

08590 서울시 금천구 가산디지털1로 84(에이스하이엔드 8차), 803호
전화 (代) 02) 718-9872
팩스 02) 718-9874
home-page www.yulgokbooks.co.kr
e-mail yulgokbook@naver.com
등록 1989. 11. 10. 제2014-000031호
ISBN 979-11-87897-16-3 93320

값 22,000원